跨文化交际研究与翻译行为策略

范燕华　米锦平　著

重庆大学出版社

内容提要

本书首先概述了跨文化交际及其背景下的英汉翻译思想及现象,同时,对英汉文化在语言、社会、心理方面的不同做了详细的对比研究,并总结出了相应的翻译策略。接着,又详细阐述了跨文化交际下英汉词汇、语句、语篇、修辞的翻译策略,并对跨文化交际视野下的翻译能力进行研究。最后,以当代商务英语为例研究了跨文化视角下的英语翻译及其策略。全书结构分明,条理清晰,用例丰富,适合国内翻译工作者、英语学习者和教学人员以及其他相关理论研究人员阅读使用。

图书在版编目(CIP)数据

跨文化交际研究与翻译行为策略 / 范燕华,米锦平

著. -- 重庆:重庆大学出版社,2020.6

ISBN 978-7-5689-2138-1

Ⅰ. ①跨… Ⅱ. ①范… ②米… Ⅲ. ①翻译—研究

Ⅳ. ①H059

中国版本图书馆 CIP 数据核字(2020)第 077479 号

跨文化交际研究与翻译行为策略

KUA WENHUA JIAOJI YANJIU YU FANYI XINGWEI CELÜE

范燕华 米锦平 著

策划编辑:范 琪

特约编辑:薛婧媛

责任编辑:范 琪 舒 畀 版式设计:范 琪

责任校对:邹 忌 责任印制:张 策

*

重庆大学出版社出版发行

出版人:饶帮华

社址:重庆市沙坪坝区大学城西路 21 号

邮编:401331

电话:(023) 88617190 88617185(中小学)

传真:(023) 88617186 88617166

网址:http://www.cqup.com.cn

邮箱:fxk@ cqup.com.cn(营销中心)

全国新华书店经销

重庆市正前方彩色印刷有限公司印刷

*

开本:787mm×1092mm 1/16 印张:7.75 字数:186 千

2020 年 6 月第 1 版 2020 年 6 月第 1 次印刷

ISBN 978-7-5689-2138-1 定价:48.00 元

前　言

随着我国和世界其他各国在越来越多的领域中联系日益密切,跨文化交际下的英语翻译活动也日益增多。由于和外国人在思维与表达方式上的不同,在翻译时常出现一些问题。不管采取何种方式处理这些问题,都要先有跨文化意识。通过总结现实生活和翻译实践中的种种文化现象可以发现,跨文化意识在促进双方沟通交流方面起着越来越重要的作用。

语言是文化的载体,是文化的重要组成部分,文化要通过语言来交流和传承,语言只能依附于某种特定的文化而存在。在对语言与文化二者关系的研究过程中逐渐产生了一门新的学科——跨文化交际学。讨论翻译必须探讨语言与文化的关系,必须研究不同文化之间的差异。既然任何语言文本都不可能脱离文化背景而存在,翻译必然不仅和语言有关,也和文化有关。从本质上看,翻译是以一种语言为载体的文化内涵转换为另一种文化形式的广义的文化翻译。因此,翻译可以视为一种跨文化交际的行为,是不同国度、不同种族或不同文化背景下的人们之间进行的交流与交往。

英汉作为不同国家的两种语言,深刻负载着自己民族的文化因素。对两种语言的翻译研究,首先要从文化入手,以文化作为切入点分析对比两种语言,以达到两种语言成功的相互转换。本书在探讨跨文化交际概念的基础上,系统地从不同的文化层面对英汉两种语言进行了对比,并结合实例对英汉两种语言相应情况下的翻译策略进行了阐释。最后,本书又从语法和实践的角度有层次、有条理地对英汉翻译策略进行了总结。

具体来说,本书可分为两部分。第一部分从宏观理论的角度论述了跨文化交际、英语翻译相关理论以及跨文化交际过程中的差异、融合与理解,并概括性地阐述了跨文化翻译中的"错位、归化和异化"等现象;第二部分为实践部分,主要讲述跨文化交际下的英汉词汇、语句、语篇、修辞的翻译策略与翻译能力认知以及商务英语翻译实践。

由于英语翻译工作不断发展,书中难免会有疏漏,还望各位专家、读者批评指正。

编　者

2020 年 1 月

前　言

目　录

第一章　跨文化交际与第二语言教学的关系 ················· 1

第一节　文化、跨文化交际与第二语言教学之间的关系 ··········· 1

第二节　第二语言教学的主要目标是培养学生的跨文化交际能力 ······· 6

第三节　跨文化交际学习和研究的根本方法 ················· 11

第二章　跨文化交际 ····························· 21

第一节　跨文化交际 ··························· 21

第二节　跨文化文学解读与欣赏 ····················· 26

第三节　全球化与文化多元 ······················· 27

第三章　跨文化差异与融合 ······················· 29

第一节　跨文化交流 ··························· 29

第二节　跨文化教育中的文化冲击 ···················· 32

第四章　跨文化交际下的英汉词语翻译 ················· 35

第一节　英汉词汇的差异 ························ 35

第二节　词的翻译策略 ························· 36

第三节　虚词的翻译 ··························· 42

第五章　中西方委婉语的差异与翻译 ·················· 47

第一节　委婉语的特征与应用 ····················· 47

第二节　英汉委婉语的对比与跨文化翻译 ················· 54

第六章　互文性与翻译 ································ 64

　　第一节　翻译实践与比较 ························ 65

　　第二节　文化个案分析 ·························· 66

　　第三节　翻译策略与方法 ························ 70

第七章　跨文化交际下的英汉句式翻译 ··········· 74

　　第一节　特殊结构句的翻译 ······················ 74

　　第二节　几类英语从句的翻译 ···················· 84

　　第三节　英语长难句的翻译 ······················ 90

第八章　跨文化交际下的英汉语篇翻译 ··········· 95

　　第一节　英汉语篇的特点 ························ 95

　　第二节　语篇翻译的衔接与连贯 ·················· 98

　　第三节　英汉应用文体翻译现状及策略 ············ 102

第九章　跨文化交际下的英汉修辞转换 ··········· 105

　　第一节　英汉修辞格的特点 ······················ 105

　　第二节　常用修辞格的翻译运用 ·················· 106

参考文献 ·· 113

第一章　跨文化交际与第二语言教学的关系

第一节　文化、跨文化交际与第二语言教学之间的关系

一、什么是跨文化交际

（一）交际与文化

关于交际与文化之间的关系，我国相关学科虽有不少研究，但还处于初级阶段。西方的研究，按照伯勒尔（Burrell）和摩根（Morgan）的总结，可以分为四类：应用派（Functionalist）依据社会心理学（social psychology）理论研究文化差异对人际交往的影响，探究文化与交际的因果关系；认知（释义）派（Interpretive）依据人类学和社会语言学（anthropology and sociolinguistics）理论研究文化与交际之间的影响，着眼于理论认识的探索，重点探索言语群体内部的交际模式；人本主义评论派（Critical Humanist）探究的则是文化差异在教科书和大众媒体中的反应，研究社会角色变化和文化差异造成的交际冲突；社会结构派（Critical Structuralist）将文化看成社会结构（societal structure），研究的是大众文化语境和文化产业，适用于大众媒体。前两类与跨文化人际交往有关，也是我国当前跨文化交际学领域的两个主要研究派别：应用派理论着眼于跨文化交际行为的实际作用和效果；认知派注重的是理论认识的探索和内在的文化意识与态度的修炼。

（二）跨文化交际学的兴起与引进

跨文化交际学兴起于美国，美国人类学家爱德华·T. 霍尔（Edward T. Hall）是跨文化交际学的奠基人。霍尔在 1959 年出版的《无声的语言》（*The Silent Language*）的序言中提出了两个名称：inter-cultural communication 和 cross-cultural communication，二者含义相同，都指旅

居海外的美国人与当地人之间的交际。后来,跨文化交际所指的范围逐渐扩大到指称来自不同国家的人之间的交际。20 世纪 80 年代初跨文化交际学引进中国,随之在我国外语教学界、对外汉语教学界、国际政治教学界、商业教学领域和大众传媒等领域迅速发展起来,以外语教学、对外汉语教学和商业领域的研究与教学的发展最为迅速。"inter-cultural communication"和"cross-cultural communication"在我国可译成"跨文化交际",也可译为"跨文化交际学"。值得指出的是,在跨文化交际理论的引进和研究方面,到目前为止绝大多数人只注意美国的理论,对其他国家的研究和理论却有所忽视。其实,其他地区和国家也有跨文化交际研究,所以我们对跨文化交际的认识不能仅限于美国学者的观点,欧洲的英国、德国学者的研究和著述也不可忽视。例如,英国学者迈克·拜伦(Michael Byron)的著作 *Teaching and Assessing Intercultural Communication* 和梁镛主编的《跨文化的外语教学与研究》中介绍的德国学者的著述就很值得研究。

(三)跨文化交际与同文化交际的区别

跨文化交际不同于同文化交际(intra-cultural communication)。同文化交际是具有相同文化背景的人之间的交际,包括同种族、同民族、同语言文化群体之内的交际,是具有相同文化背景和文化习俗的人在共同的交际规则指导下进行的交际。同文化交际基本上不存在文化差异和文化冲突问题。

跨文化交际指的是来自不同文化背景的人之间的交际,需要处理的是交际与文化之间的关系,解决的是跨文化语境(cross-cultural context/setting)中的问题。跨文化交际是观念和信号系统不同的人群之间的交际,文化差异会导致交际信息的误解,甚至文化冲突,那些此有彼无和此无彼有的信息很容易被误解。例如,中国人喜欢恭维老年人"您真是老当益壮,老骥伏枥呀!"这句成语比喻有志的人虽已年老,但仍有雄心壮志。这句话在中国文化中表示尊老敬老,而受到"恭维"的西方国家的老人只会产生强烈反感甚至做出愤怒的反应,因为这句话触犯了西方说别人"老"的忌讳。

🕮 案例 1 "老"字的文化误解

在一个中德合资企业,中方经理为即将退休的德方经理写了一首"祝寿"诗,让德方经理的翻译——一位中国女士译成英语。这首诗的前两行是"夕阳无限好,何愁近黄昏"。直译为英语是:"The setting sun has boundless beauty; there is no need to worry about the coming dusk."这位中国女士将这两行诗译成"Most glorious is the sunset. Even the dusk is blessed."出乎她意料之外的是,德方经理见到这首诗时竟然大为反感,他气愤地说:"这两句话的意思是劝我不要因年老而悲伤。这是告诉我生命的终点快到了。"德方经理之所以如此生气,是因为"sunset(夕阳)"和"dusk(黄昏)"都寓意着"死亡"。这种词语的使用让德方经理感到惶恐不安。

跨文化交际的一个突出特点是:文化不同,交际者的语言、社会、历史、生活环境、风俗习惯、交际规则、思维方式乃至价值观念等各方面都会存在差异。人们常常不理解为什么别人的交际行为与自己不同,不理解为什么别人的想法和自己不一样,更不理解为什么别人对事物的看法和评判与自己大相径庭。这是因为在跨文化交际中,人们由于对自己土生土长的母语文化习以为常,而对与母语文化不同的其他文化却极为敏感,因而难以避免相互理解与相互沟通的困难。在跨文化交际中,不仅要注意语言行为和非语言行为的正确性,还要注意语言行为和非语言行为的得体性。跨文化交际理论研究和跨文化交际过程中需要解决的就是排除文化误解和文化冲突所造成的干扰,保证跨文化交际的有效进行。

(四)跨文化交际学包括跨文化比较论和跨文化交际论

从广义上看,"跨文化交际"是英语"cross-cultural communication"和"inter-cultural communication"的共同汉译名,因为这两个名称都指来自不同文化的人之间的交际。从狭义上看,"cross-cultural communication"(CCC)与"inter-cultural communication"(ICC)不同,在跨文化交际研究和教学中,需要加以区别。根据 CCC 与 ICC 之间的含义、理论和研究方法的差别,我们可以将"cross-cultural communication"译为"跨文化比较论",将"inter-cultural communication"译成"跨文化交际"与"跨文化交际学",并将 CCC 与 ICC 的结合译成"跨文化交际"和"跨文化交际学"。

1. CCC 与 ICC 之间的区别

(1)CCC 与 ICC 研究的目的不同

CCC 研究的是人类不同的文化类型之间直接影响和调节人们交际行为的文化准则和规则(cultural norms and rules)的区别,重在理论认知研究;ICC 研究的是跨文化交际的有效性(effectiveness)和合适性(appropriateness),注重跨文化交际双方相互文化适应和文化身份的调节,着眼于跨文化交际中实际问题的解决。

(2)CCC 与 ICC 研究的内容不同

CCC 研究的是不同文化之间的某种社会现象和某种语言形式的相互比较(comparison)。例如:不同文化之间结婚典礼的习俗比较、不同语言的比较(如词语、句子结构、修辞方式)、某种交际行为的比较等。但是,ICC 研究的是不同文化的人之间的交际,要求解决的是排除跨文化信息传递过程中文化差异的干扰,例如词语含义、句子结构、修辞方式、某种交际行为的文化差异对跨文化交际的干扰,保证跨文化交际的顺利进行。简单地说,CCC 研究的是文化现象的比较,而 ICC 研究的是跨越文化的交际及其效果。所以,对不同文化现象与交际行为的静态认知比较研究和不同文化之间的交际行为过程与效果的动态对比研究是 CCC 与 ICC 的根本区别。

(3)CCC 与 ICC 的研究方法不同

二者之间最大的不同是,CCC 采用的是比较法(comparison),研究的是不同文化之间某种现象或某种行为的同异点,是一种静态研究;而 ICC 采用的是对比分析法(contrastive analysis),研究的是文化差异对跨文化交际的干扰过程,是一种共时动态研究。

2. CCC 理论与 ICC 理论的关系

ICC 理论是在 CCC 理论的基础上发展起来的。CCC 提出的文化差异论和文化比较论为

ICC 的对比分析法提供了理论基础;理解 CCC 理论是理解 ICC 理论的前提;CCC 理论又是 ICC 理论的有机组成部分。例如:人类文化存在差异;文化差异直接影响人们的生活方式、行为规范、交际规则、思维方式和价值观念。

(五)跨文化交际学的内容

关于跨文化交际学的内容,西方学者著述甚丰,内容也不尽一致。根据威廉姆・B. 古迪孔斯特(William B. Gudykunst)对西方理论研究的总结,可以归纳为七大类理论:关于交际与文化之间关系的理论、关于交际中文化多样性的理论、关于交际效果的理论、关于交际适应的理论、关于文化身份协调与掌控的理论、关于交际网络的理论和关于对异文化环境适应的理论。古迪孔斯特于 2003 年对跨文化交际理论的总结(*Cross-cultural and Intercultural Communication*)中还讨论了跨文化交际能力以及交际与跨文化人际关系问题。

我国跨文化交际理论研究,也有不少著作,其中关世杰与贾玉新的论述比较全面。

关世杰的《跨文化交流学——提高涉外交流能力的学问》将跨文化交流学的内容综合为四大部分:

第一部分是绪论,讨论的问题包括文化与交流,跨文化交流的模式与特点,构筑跨文化交流学的理论。

第二部分讨论文化与交流的关系,包括文化与感知,文化与思维方式,跨文化交流与世界观、人生观和价值观,跨文化交流中的定型观念和归因,社会规范、物质文化与跨文化交流。

第三部分从交流的过程看跨文化交流,包括跨文化交流中的信息、渠道和反馈,跨文化交流的语言符号系统,跨文化交流中的非言语,交流者之间的关系。

第四部分讨论跨文化交流的不同层次,包括跨文化人际交流,跨文化组织交流以及国家之间的跨文化交流。

贾玉新的《跨文化交际学》讨论的部分包括交际、文化与跨文化交际,文化定势之对比分析,情景、人际关系与交际文化,规范、符号、代码及编译码,交际之文化差异,跨文化语用对比分析,跨文化语篇对比分析,情景(性别、场合)、交际文化与跨文化交际,非语言行为及其文化差异,跨文化交际能力与多元文化时代的交际等。

他们的理论以介绍西方理论为主,但是注意结合中国实际,并且也进行中外对比,内容全面丰富。

二、跨文化交际学与第二语言教学

(一)研究语言与文化之间关系的几个学科

当前,在我国第二语言教学界研究语言与文化之间的关系有数个学科,包括文化语言学、国情(国俗)语义学、语用学、对比语言学、跨文化交际学等。这些学科从不同角度研究语言与文化之间的关系。文化语言学研究语言与文化之间的对应关系和语言与文化之间的相互影响;国情(国俗)语义学研究的是语言词语的文化背景意义;语用学研究的是语言的语境义，即在具体情境中理解和使用语言；对比语言学主要对比汉外语言的同异点，现在也涉及语言的文化含义对比；跨文化交际学则注重研究在跨文化交际过程中如何排除文化差异对跨文化交际（包括语言交际和非语言交际）的干扰，保证跨文化交际有效而又得体地进行。

所有这些学科中，只有文化语言学是中国"土生土长"的学科，其他都是先后从国外引进的"舶来品"。跨文化交际学与其他各学科之间的相似点都是研究语言与文化之间的关系。对比语言学与跨文化交际学都注意对比（或比较），语用学与跨文化交际学都注意语言在具体语境中的运用。语用学中的"跨文化语用学"理论则更加靠近跨文化交际学。但是，语用学不等同于跨文化交际学，更不能代替跨文化交际学。语用学与跨文化交际学的主要区别有：

一是只关心语言行为与注重全面交际行为和文化适应之别。语用学是"专门研究语言的理解和使用的学问"，重在语言行为的理解与运用，跨文化交际学则不仅研究语言交际，也研究非语言交际，还研究跨文化交际双方在交际过程中的相互适应和外来者对异文化环境的适应，我们可以说，跨文化交际学的核心是文化适应理论。

二是重认知与重应用之别。语用学重在语言行为的理解，而跨文化交际学是"研究人们在跨文化交际过程中产生的问题和冲突以及如何解决这些问题和冲突的一门学问"，研究的是具体语言交际行为和非语言交际行为的有效性和得体性，更关注跨文化交际双方在交际过程中的相互适应和外来者对异文化环境的适应。

三是重理论引进与重文化差异对比之别。语用学注意引进和研究国外理论及其对汉语言及行为的指导作用，跨文化交际学则注重交际行为中的中外文化差异的对比和文化冲突的排除。

四是语用学属语言学范围，受到的影响来自哲学和逻辑学，而跨文化交际学则是由多学科结合而形成的综合学科，融入了人类学、传播学、心理学、社会学、哲学、文化学、语言学等多学科的相关理论，大大超越了语言学范围。

所有这些学科都在第二语言教学中发挥着重要的作用。可喜的是，各个学科都在发展和变化，都在不断地吸收其他学科的长处，都在不断地充实和丰富自己。各学科之间的相似点不断扩大，相互重叠之处越来越多。这种互相学习和共同发展的正确趋势必然会大大促进我国有关语言与文化之间关系研究工作的健康成长。跨文化交际学应当博采众长，不断丰富自己，充实自己，只有这样才能保持跨文化交际学的持续发展，并且创立起适合中国国情的跨文化交际学，与其他各学科携手并进。

（二）跨文化交际学与第二语言教学之间的关系

跨文化交际学在第二语言教学中有其独特的指导作用。这一作用关系到第二语言教学的目标、教学内容和教学方法等一系列问题，涉及第二语言教学的各个方面和整个过程，包括词语的文化含义对比与词语教学、礼貌的文化含义与礼貌语言教学、思维方式的文化特征与第二语言教学、跨文化非语言交际与第二语言教学以及跨文化适应与第二语言教学。

第二节　第二语言教学的主要目标是培养
学生的跨文化交际能力

　　关于第二语言教学与跨文化交际之间的关系,可以从四个方面来认识:第一,第二语言教学的主要目标是培养学生的跨文化交际能力;第二,培养跨文化交际能力的关键是帮助学生不断增强跨文化意识;第三,学习和研究跨文化交际的根本方法是进行语言与文化的对比,对比分析的方法也是第二语言教学和学习的重要方法;第四,跨文化交际理论和对比分析的方法必须贯彻到第二语言教学的各个方面。本节集中讨论第二语言教学的目标和任务。

　　关于第二语言教学的主要目标,我们可以从三个方面讨论:第二语言教学的任务、第二语言教学的主要目标以及第二语言教学中需要处理好的三种关系。

一、第二语言教学的任务是架设跨文化交际的"桥梁"

　　如果我们问一位外语课程或外语专业的学生:"你为什么学外语?"他会毫不犹豫地告诉你他的美好理想与计划:准备出国,准备在中国的外资企业、合资企业、外国驻华机构或中国驻外机构中工作,或者准备将来教外语或对外汉语。如果你问他:"你希望你的外语达到什么水平?"很多人会说:"最理想的水平当然是外语跟外语国家的人一样好。"来华外国留学生恐怕也不会反对这种想法。第一个答案很现实:都是准备从事跨文化交际工作。第二个答案富于理想和雄心壮志,却难以实现。

　　成人学外语永远难以达到目的语为母语者的语言水平,运用外语进行交际的行为也永远难以与目的语为母语者一模一样。他们的外语水平只能最大限度地接近目的语为母语者的语言水平,但很多方面都难以完全摆脱自身母语和母语文化的影响。要彻底改变自己的文化身份是完全不可能的(除非寄希望于第二代甚至第三代移民)。实际上,人们学习外语的目标并不在此,而是要成为沟通母语文化与外语国家文化的"桥梁",起到来自不同文化的人相互交际的媒介作用。第二语言教师的任务就不言而喻了:不是要将自己的学生培养成外国人,而是将他们培养成沟通中外交往的"桥梁"。从这个意义上说,第二语言教师都是桥梁建筑者,或者说"架桥人"。当然,他们自己也是沟通不同语言和不同文化的"桥梁"。

二、第二语言教学的主要目标是培养学生的跨文化交际能力

（一）跨文化交际能力不同于交际能力，更不等同于语言能力

1. 单纯培养学生的语言能力不是第二语言教学的目标

诺姆·乔姆斯基（Noam Chomsky）提出的"语言能力（competence）"指的是人的语言语法的内化知识，是对语法知识的了解和对语法规则的遵从，与语言的实际运用（performance）不是一回事。人们早已认识到这种脱离实际社交能力的抽象语法能力不是外语教学的目标。

现在我国外语教学界和对外汉语教学界有一种看法，即语言能力指语音、词汇、语法等语言知识和听、说、读、写、译技能。外语教学的目的是培养学生的听、说、读、写、译的综合能力。如果教学脱离跨文化交际环境，局限于教学环境和教科书的范围，学生还是无法将这些语言能力变成实际交际能力的。

2. 单纯培养学生的交际能力也不是第二语言教学的目标

针对乔姆斯基的"语言能力"，戴尔·海姆斯（Dell Hems）在 1972 年提出了"交际能力（communicative competence）"的概念，认为交际能力包括乔姆斯基的语言能力、语言技能、语篇能力和社会文化能力四个方面。简言之，人的言语行为不仅要在语法上正确，还要在社会文化规则上得体。海姆斯注重在具体语境中的交际能力，他认为交际语境是由多种因素构成的。海姆斯将语言环境归纳成一个首字母缩略语：SPEAKING。S 代表 setting and scene（背景和场合）；P 代表 participants（参加者）；E 代表 ends（目的及结果）；A 代表 act sequence（信息的形式和内容）；K 代表 key（传递信息的方式）；I 代表 instrumentalities（使用的语言、方言等）；N 代表 norms（各种情况下应遵守的规范）；G 代表 genre（体裁）。拉波夫（Labov）说："社会语言学的基本问题是由于有必要了解某人（1）为什么（2）说某种话（3）而提出的。"陈原将这三个变量细分为六个变量，即"什么人、在什么地方、什么时候、为什么、怎么说、说什么"。约翰·J. 甘柏兹（John J. Gumperz）在分析了乔姆斯基的语言能力与海姆斯的交际能力后说："语言能力包含语言使用者生产出语法上正确的句子，而交际能力则涉及语言使用者从他已知的所有的正确的表达语法中选择出一些恰当的语言形式来。这些语言形式能得体地反映在具体的交际语境中指导人们交际行为的社会文化规则。"

海姆斯的理论突破了结构主义语言学的纯语言形式和结构知识的局限，将语言当成交际工具，既研究语言的符号层面，也研究语言的交际层面（内容和功能），这无疑是一大进步。"交际能力论"已为人们公认，第二语言教学界多数人将其视为第二语言教学的目标。然而，"交际能力论"注重的是交际语境的不同，解决的还只是同一文化中不同语境的交际行为，并不能满足第二语言教学的需要，更不能满足跨文化交际环境的要求。因此，对第二语言教学必须提出更加明确的目标，让师生有一个明确无误的方向和指导思想。

(二)第二语言教学的主要目标是培养学生的跨文化交际能力

1. 什么是跨文化交际能力

跨文化交际能力指的是跨文化交际环境中的交际能力,即来自不同文化背景的人之间进行交际时,具有强烈的跨文化意识,善于识别文化差异和排除文化干扰并成功地进行交际的能力。它与同文化交际能力的根本区别在于,它解决的是跨文化语境(cross-cultural context)问题,即同一语境中不同文化之间交际规则的碰撞和冲突。这里所说的"不同文化背景",不仅指母语文化背景与目的语文化背景,还指与母语文化不同的多种文化背景。培养跨文化交际能力,就是不断增强跨文化意识,了解跨文化交际的特点与要求,掌握跨文化交际的规律和特点,学会交际规则转化的技能以及必需的外语,具备与多种语言文化的人进行交际的能力。

跨文化交际能力既不是乔姆斯基的语言能力,也不是海姆斯的交际能力,但包括了这两种能力。跨文化交际能力是在跨文化交际环境中由语言交际能力、非语言交际能力、语言规则和交际规则转化能力以及文化适应能力所组成的综合能力。

在跨文化交际中,第二语言学习者会发现,有时候他们的外语交际能力会受到巨大的挑战,并且他们的母语文化的交际规则和思维方式也常常行不通,他们的价值观念也常常受到误解或责难。所以,一般的语用能力(交际能力)是难以完成跨文化交际任务的,只有跨文化交际能力才是跨文化交际中必要的能力。

2. 跨文化交际能力的组成成分

在界定跨文化交际能力的组成成分时,我们需要考虑到第二语言教学的要求与可操作性,并将可见的外在行为能力与内在的跨文化意识加以区分。跨文化交际能力是由语言交际能力、非语言交际能力、语言规则和交际规则的转化能力以及跨文化适应能力等四部分所组成的综合能力。

(1)语言交际能力(Verbal Communicative Competence)

语言交际能力不仅指必需的语法知识,还包括对语言概念意义和文化内涵意义的了解与运用能力;不仅指语言的正确性,还指运用语言在具体语境中进行交际的得体性,即人们所熟知的对什么人、什么时候、在什么场合、说什么话、如何说以及为什么这样说等(即英语所说的"SW")。单纯的语言知识和脱离具体交际语境的语言技能不是真正的语言交际能力。

语言交际能力是跨文化交际能力的核心和基础。不懂得外语,不注意语言基本功,或语言交际能力很差,就失去了跨文化交际能力的基础和核心,就无法胜任跨文化交际工作。

(2)非语言交际能力(Nonverbal Communicative Competence)

将"交际能力"与"语言交际能力"等同起来似乎已成为人们的共识,但这一看法既不全面,也不符合交际实际,因为交际能力不只是语言交际能力,还包括非语言交际能力,忽视后一种能力的倾向必须予以纠正。我们应当清楚地了解,一方面,非语言交际行为和手段是交际行为中不可缺少的组成部分,它不仅对语言交际行为起到良好的辅助和配合作用,在语言交际遇到障碍时还可起到代替、维持或挽救语言交际的作用。另一方面,在交际中,人们不能只注意语言行为的正确性、合理性和可接受性,而忽略了非语言交际行为和手段的文化差异及其影响,否则就会导致跨文化交际中误解和冲突频频发生,或者出现"外语呱呱叫,行为举止不对号"的怪形象。

非语言交际是语言交际以外的一切交际行为和方式,是一种不用言辞的交际。非语言交际包括体态语(如姿势、身势等)、副语言(如沉默、非语言声音等)、客体语(如皮肤颜色的修饰、体毛的清除、身体气味的掩饰、衣着和化妆、家具和车辆所传递的信息等)和环境语(如空间信息、对待拥挤的态度、身体距离、领地观念、空间与取向、座位安排、时间信息、建筑设计与室内装修、声音、灯光、颜色、标识与符号等都可传递信息)。

在跨文化交际中,需要改变只重视语言交际而忽视非语言交际的偏向。事实上,不得体的非语言交际行为和方式在我国对外交往中的消极影响早就应当引起相关人士的高度重视。例如:穿着不注意身份、场合和着装规则(例如,不该着装正式的时候却衣冠楚楚,该正式时却又过于随便);行为举止不雅(如姿势、音量、手势及其他言谈举止表现缺乏约束);不注意文化差异和国际交往礼节要求(如餐厅服务、餐桌上的礼节、授受礼品等)。

(3)语言规则和交际规则的转化能力(Competence of Transformation of Two Rules)

①语言规则与交际规则。语言规则指的是语音、词汇、语法规则体系,而交际规则(communicative rules)则指的是指导人们相互交往的行为准则。萨莫瓦和波特将交际规则定义为"后天习得的行为方式,也称为组织人们之间相互交往的规则",即指导一切交际行为,包括语言交际行为和非语言交际行为的准则。

在第二语言学习中,人们都知道需要学习第二语言的语言规则,需要学会母语与外语之间语言规则(特别是语法规则)的相互转化。但对于交际规则和跨文化交际中存在的交际规则的文化差异问题,就不一定人人皆知了。交际规则指的是每种文化特有的风俗习惯、行为准则、礼仪规则、思维方式和价值观念对交际行为规范的原则。文化不同,交际规则也不同。

②交际规则转化的必要性。在跨文化交际中,不仅需要学习交际对方的语言规则,还需要学习双方的交际规则,并且学习如何进行双方交际规则的转化。所以,在培养跨文化交际能力时,只学习语言规则的转化还不够,还要学习交际规则的转化,也就是说,培养跨文化交际能力需要学习两种规则的转化。

在跨文化交际中,外语发音不正确、用词不当、语法错误等问题都可以为外语国家的人所理解,因为他们知道你是"外国人"。但如果外语正确却违反了外语国家的交际规则,就会触犯对方,引起交际对象的反感,甚至理性认识也难以抑制感情抵触。这就是海姆斯所说的"交际干扰(communicative interference)":由于照搬母语文化的交际规则而造成的文化误解。内莎·沃尔夫森(Nessa Wrolfson)说得好:"母语国家的人在与外国人交谈时,对外国人的发音和语法错误往往采取宽容的态度;相反,对违反谈话准则的行为一般则认为是态度无礼。"所以,在跨文化交际中进行交际规则的适当转化是跨文化交际成功的保证。例如:翻译汉语询问型的问候语时就要考虑到,汉语询问型问候语体现的是中国人群体文化的特点,表达的不只是问候之意,还有相互关切之情,遵循的是中国文化的交际规则。翻译成另一种语言时不可作语言的直译或照搬中国文化的交际规则,否则就会造成文化误解,甚至导致文化冲突。在中西方交往中,由于中国人或外国人将这类招呼语直译成英语而造成的文化误解屡见不鲜。英国学者海伦·奥特(Helen Oatey)认为,将汉语的"你干吗去呀?"直译成英语"Where are you going?"就会使英语国家的人产生误解,甚至还会造成文化冲突。

在英语中,这一问题一般用于了解信息,而询问别人的具体情况属于询问个人私事,只有上级当权者才有权力,或者只能在亲朋好友之间才能使用,用于其他场合就会让人难堪:不回答你的问题会不礼貌;如果含糊地给以回答又像是回避问题,也许他们根本就不愿意如实地回答你的问题。正因为如此,这种形式的问候语极易触犯西方人。他们会认为这是对他们隐私的侵犯。对中国文化不甚了解的来华外国人就常抱怨中国人爱问这类问题。有的人甚至抱怨说,他们住所地服务员都是间谍,因为他们总喜欢问:"干吗去呀?"

案例2 如何翻译"下课了?"

甲、乙两名教员在下课后相遇时,甲问:"下课了?"如何将这句话译成英语,需要考虑三种不同语境:(1)如果这句话是甲在乙夹着书包刚从教室出来时对他说的,就应译成"(Have you) just finished your class?"(2)如果乙以前没有教过课,最近刚任教,则应译成"How's your class?"(3)如果甲、乙相遇时,甲急忙向课堂走来,担心误了课,则又应译成"Has the bell gone?"或"Am I late for class?"(引自某翻译教材)

在第二语言教学中,要克服偏重第二语言的语言规则的教学而忽视第二文化的交际规则的教学,以及偏重语言规则的转化而忽视交际规则的转化等不正常现象。这是当前我国第二语言教学中需要统一认识和认真解决的大问题。

(4)跨文化适应能力(Competence of Cultural Adaptation/Adjustment)

跨文化适应能力,或称文化适应能力,是指跨文化交际双方相互之间交际适应能力和对异文化环境的适应能力。具体地说,是指善于克服文化休克的障碍,正确了解和认识新文化或来自不同文化的交际对象,对自己固有的行为举止、交际规则、思维方式、思想感情等做出必要的调整,必要时,还要对自己的文化身份做出必要的改变,以便适应新文化的生活、学习、工作和人际交往环境,并为新的文化环境中的人所接受。还要善于预见和处理跨文化交际过程中可能出现的文化差异的干扰,尽可能避免或顺利地排除文化冲突。

在跨文化交际中,人们常常抱怨交际对方难以沟通或不好打交道,却不明白原因所在和解决方法,甚至有的人选择终止合作,一走了事。在外国生活、学习和工作的人常常抱怨所处文化环境难以适应,采取的应对方法不是躲避,就是直接冲突,这都是文化休克的表现。文化休克(culture shock)是一种普遍现象,不是某一种文化特有的问题,我们只能了解它、认识它,学会应对它。学会应对的方法就是学会文化适应(cultural adjustment /adaptation)能力。

培养文化适应能力要排除两大障碍:文化"冰山"的阻隔和文化优越感(ethnocentrism)、文化模式化(stereotypes)与文化偏见(prejudice)的干扰。

三、第二语言教学中需要处理好三种关系

①课堂教学与课外交际之间的关系,包括课本语言教学与课外应用指导之间的关系。

②第二语言教学与第二文化教学之间的关系,不仅包括教授语言,还应有针对性地介绍所学语言国家的文化,更要注意文化对语言的影响和文化在语言中的体现。

③培养学生的语言交际能力和培养他们的跨文化交际能力之间的关系。

跨文化交际能力既然是与不同文化的人进行交际的能力,指的就不仅是与所学外语国家的人进行交际的能力,更主要的是学会与不同于母语文化的多种文化的人进行交际的基本能力,讲的是一种"基本功",而不是应对具体文化中具体情况和具体问题的具体技巧。我们可以说,这种"基本功"就是在强烈的跨文化意识指导下的跨文化交际能力。例如:如果我们具备强烈的跨文化意识,具有跨文化交际能力,遇到下面这一类句子时就可以知道应当如何正确理解和翻译了:

1. 您喜欢我们的日程安排吗? How do you like our schedule?

(不是 Do you like our schedule? 避免了英语文化中强加于人的忌讳。)

2. 久仰先生大名。I've long heard of you. /I've looked forward to meeting you.

(避开照搬中国文化的"自谦尊人"的交际规则。)

3. 最后。Last but not least.

(避开了英语文化中陈述看法时将最重要之点放在开始,最后往往最不重要这一思维方式对中国人可能造成的理解困难。)

4. "您找谁?"不是直译成"Whom do you want to see?"而是"Can I help you?"

(避免了语言的直译,采用同样语境中文化习惯或称"交际规则"的转换。)

第三节　跨文化交际学习和研究的根本方法

一、国内常用的研究方法

科研方法最流行的是定量分析(quantitative analysis)和定性分析(qualitative analysis)。国内外跨文化交际学者最为推崇的方法是定量分析。我国跨文化交际学领域几乎一致的看法是,定量分析是跨文化交际研究中最重要的方法,认为当前最大问题就是采用这一方法的科学研究还为数不多,因而大大影响了跨文化交际学的发展。胡文仲及其他中国学者就反复强调定量研究的重要性,并一再呼吁加强这方面的研究。胡文仲认为:"从目前我国的研究来看,一般性的探讨较多,而基于大量数据的研究比较缺乏。前者相对说来比较容易,而

后者就要花费许多时间、物力和财力。从其他国家的情况来看,要在跨文化交际研究方面做出成绩,必须在收集数据和实地调查方面做大量的工作。只有以数据为基础的研究做得扎实,理论探讨才会有真正的深度。"胡文仲提到的收集数据和实地调查是跨文化交际研究极为重要的方法。

定量分析又称量的研究,是从特定假设出发,将社会现象数量化,计算出相关变量之间的关系,由此得出研究结果。定性分析又称质的研究,它不是以数字形式显示的资料,而是利用定性资料进行研究,强调研究者深入社会现象中,通过亲身观察和体验,收集原始资料并进行科学分析。多数学者支持定量分析研究,但也不排斥定性分析研究。不过,定性分析与定量分析方法的支持者之间仍然存在争论与分歧,甚至形成对垒。有人认为,这两种研究方法之所以能够在社会科学界形成如此声势浩大的对垒,是因为它们分别代表了两种不同的科学范式。它们在方法上的不同实质反映了它们在本体论、认识论和方法论方面存在的分歧。

二、对比分析的方法是跨文化交际研究的根本方法

定量分析与定性分析是许多学科研究的重要方法,也是跨文化交际研究的有效方法,这一点毋庸置疑,也是亟待加强的。然而,这种实证研究是多学科通用的方法,只能说也适用于跨文化交际研究,但不是反映跨文化交际特征和解决跨文化交际问题的根本方法。跨文化交际研究有其独特的方法,即语言与交际行为的文化特征对比分析研究。

在西方,对比分析(contrastive analysis,CAs)的方法早在20世纪40—60年代就在第二语言习得领域中开始研究和使用,应用语言学家弗里斯(Fries)等就使用对比分析的方法系统地对比母语和目的语之间的同异点,认为通过对比分析,语言教学方法会更加有效。弗里斯说:"教材要充分发挥效能,就应当对所学习的语言进行科学的描述,并与母语进行仔细的比较。"

为什么说用对比分析的方法所编写的教材效果更好呢? 弗里斯的学生,也是其后来在密歇根大学的同事拉多(Lado)的解释得到西方学者的赞同。拉多曾指出外语学习者普遍存在的一个问题是:人们习惯于将母语和母语文化的形式、意思及其传递的信息照搬到外语和外国文化中去。这种照搬不仅表现在信息传递的言谈话语上,也体现在行为举止之中。然而,他们的意图却是要像外语国家的人一样地理解和精通外国语言和文化。学习外语的人都必须高度重视拉多指出的这一问题。因为,外语学习者都必须了解母语和母语文化对外语学习的干扰及其所造成的负迁移行为。所以要排除母语和母语文化负迁移的干扰,就必须清楚了解语言差异和文化差异,防止语言和文化的照搬。对比分析就是解决这一问题的钥匙。

(一)什么是对比分析方法

跨文化交际研究使用的对比分析方法,是对不同文化之间的交际行为和决定这些交际行为的交际规则、思维方式与价值观念进行对比分析,从中揭示出文化的同异点,重点是文化差异及其造成的文化误解和文化冲突,并且追溯其文化根源,研究和提出排除文化差异干

扰的有效方法,以促进交际双方的相互理解和彼此适应,保证跨文化交际在交际双方构建的共识基础上有效地进行。

(二)为什么说对比分析是跨文化交际研究的根本方法

1. 对比分析的研究方法的使用是由跨文化交际的跨文化性质决定的

(1)跨文化性质决定了学习和研究跨文化交际学必须注重研究文化差异对跨文化交际的干扰

要清楚认识文化差异并排除其对跨文化交际的干扰,就必须采用对比分析的方法。有比较才有鉴别,只有通过对比分析,揭示文化差异的干扰所在并发掘出文化干扰的根源,才能进一步探究对文化差异造成的文化误解和文化冲突的有效解决方法,从而达到排除文化隔阂和文化障碍,实现有效的跨文化交际的目的。了解文化差异和排除文化差异对跨文化交际的干扰,不是空洞的理论研究,而是要立足于解决跨文化交际中的实际问题。例如,认真细致地分析语言含义的文化误解、交际规则的文化冲突、思维方式与价值观念的文化差异对跨文化交际的具体干扰所在,以及这些差异或冲突的文化渊源并采取有效的排除方法。能否解决第二语言教学和跨文化交际的实际问题是研究方法成效的唯一检验标准。

(2)跨文化的性质决定了观察问题的视角和研究问题的立足点

这一研究不是"我"要研究什么问题(选题必须具有理论意义和实用价值,但不一定是急需的),"我"依据什么理论,"我"采用什么人创造的什么方法进行研究,"我"在什么地方和什么人群中进行什么样的调查,"我"采用什么人创造的什么样的语料分析方法进行计算和分析,最后"我"又用什么人创造的什么标准检验其有效性⋯⋯不是只要符合某人提出的理论要求和符合某人设计的检验标准,研究即告成功。跨文化交际的跨文化性质决定了必须从跨文化交际者的视角观察问题,将他们"遭遇"到的文化误解和文化冲突作为对比分析的主要内容,着眼于解决他们在跨文化交际中所遭遇到的文化冲突,检验的标准是跨文化交际者在跨文化交际实践中所取得的效果。这与研究者的主观命题和主观假设是完全不同的。例如,对于礼貌语言的文化差异的研究和看法,在我国跨文化交际研究中一直存在着争论。争论的重点是中西交际规则有无明显的文化特征差异。顾日国和毕继万都认为礼貌存在着文化特征差异,并提出了自己的看法。毕继万还对西方的礼貌原则的通用性提出了质疑,认为不应该不加分析,不考虑国情和文化差异,简单地照搬其他文化的理论。但是,也有人过于注重运用西方格赖斯(Grice)的合作原则(CP)、利奇(Leech)的礼貌原则(PP)、布朗(Brown)和列文森(Levinson)的面子挽救论(Face-saving Theory)等理论解释中国文化的礼貌语言与礼貌行为,却对中国文化特征的研究不够重视。有的学者认为,"现在时代变了,中国传统的'贬己尊人'与新时代的'尊人不贬己'同时存在,忽视任何一方都是简单化的表现",认为更为科学的研究方法是"应该结合语境归纳出交际者何时何地对何人就何事'贬己尊人'或'尊人不贬己'"。如何解决这种"公说公有理,婆说婆有理"的难题呢?关键就在于研究的目的和观察问题的角度:跨文化交际研究应当着眼于解决跨文化交际中所遇到的困难,通过调查研究,了解和分析交际者在跨文化交际中的困难和需求,并从中发掘出困难的症结所在和合理的解决办法。外国人对中国文化交际行为的误解才是需要注意和研究的内容,而且这方面的内容恰好反映了中外文化的差异和冲突。了解跨文化交际中存在和需要解决的问题,就不会发生主观猜测和质疑。例如,研究跨文化礼貌交际和外语教学中礼貌语言教学时,如果了解外国人在学习和运用汉语礼貌语言的困难所在,就不会怀疑研究礼貌语言文化差异的必要性。所以,礼貌语言研究和教学中,首先要了解外语学习者和外国跨文化交际人士理解和运用汉语礼貌语言的困难所在,原因是什么,如何才能解决这些困难,等等。这里需要阐明的一个误区是,用西方跨文化交际理论和研究方法解释自己用定量或定性分析调查的一种社会现象,或者用调查到的社会现象说明或证明西方某一理论的正确性,这种研究即使有理有据,它考虑的也并不是当前跨文化交际中实际需要解决的问题。要了解跨文化交际中的文化差异和文化冲突,并研究如何排除文化差异对跨文化交际的干扰,最为有效的方法只能是对比分析。

社会上人们的交际行为各种各样,在改革开放和市场经济的今天,人们交际行为的不断变化和不同文化之间的相互影响是不可避免的。不同文化之间不同程度的趋同也是必然的,然而这些趋同性的变化永远难以抹杀跨文化交际中的文化差异及其对跨文化交际的干扰。交际规则、思维方式、价值观念等方面的文化差异和文化冲突将是一个永恒的科研课题。事实上,在跨文化交际中,中外人士关注的正是文化误解和文化冲突对交际的干扰及其原因。指导人们交际行为的交际规则、思维方式和价值观念的文化差异才是中外礼貌交际中必须了解和研究的问题。社会现象繁杂无序,任何人都可在任何社会找到千万条事实证明自己的任何观点。然而,说明问题的真理只有一个。"公说公有理,婆说婆有理"的争论症结就在于人们不能摆脱繁杂社会现象的迷惑,脱离跨文化交际的"实验室"中的"实验",真正走到跨文化交际者中去了解他们的需求。理论研究源于实际和服务于实际才是解决争论的关键所在。在跨文化交际中不断出现的各种困难和误解就是对争论的最好回答。

2. 对比分析是可靠的研究方法

对比分析在国内外一直是争论不休的话题。有意思的是,无论在国内还是在国外,一直存在着两种相互矛盾的有趣现象:一方面人们在理论上争论不休,另一方面这一方法又长盛不衰,甚至反对者也常常避不开使用对比分析方法。要解开这一有趣现象之谜,不妨从两方面做探究。

（1）国外的争论

20 世纪 80 年代以来,在西方学者中一直有着对比分析和偏误分析（error analysis）方法的争论,但是这两个方法又一直为人们难以舍弃。在此只讨论对比分析问题。

国外有关对比分析的争论始于 20 世纪 50 年代,争论的焦点并不是对比分析方法本身,而是拉多的对比分析假说（the Contrastive Analysis Hypothesis, CAH）。拉多等人认为:在第二语言中,与母语类似的成分易于学习,不同的部分则难以掌握;第一语言与第二语言体系差别越大,学习的困难也就越大,母语的干扰也可能越大。所以,语言差别可以用以预测学习的困难。据此,拉多提出:在两种类似的语言之间会产生正迁移,在两种不同的语言之间则会产生负迁移或干扰。拉多的这一根据语言习得的行为主义观点所提出的假说遭到了乔姆斯基等学者的批评,并引起了长期争论。批评者(如 Stockwell, Bowen 和 Martin)认为,许多事实证明,CAH 理论缺乏事实的支持,许多对比分析并不是简单的相似则易和相异则难的事例的罗列,而是要复杂得多。这些学者经过调查发现,两种语言之间的最大差别表现为此无彼有(new)和此有彼无(absent),但这两类差别并不是第二语言习得的最大困难所在,而是此大彼小(split)方面。这一看法是有其道理的。所以,问题不在于对比分析的方法是否正确,而在于如何正确地认识和使用这一方法。

(2)国内的相关评论

国内有些学者对对比分析的担心和批评颇多。这些担心与批评主要为"五怕":一怕强调文化差异就会忽视文化的共性;二怕绝对化,认为对比就要分类,而分类难免犯"定型化(stereotypes,我们将其译为'模式化')"的错误;三怕对比差异会人为地扩大差异,甚至制造差异;四怕在第二语言教学中过分强调母语和母语文化的负迁移作用而忽略甚至无视其正迁移作用;五怕随意褒贬和妄加评论,认为对比就难以避免褒此贬彼或褒彼贬此。这些疑虑与担心的原因主要是对跨文化交际的跨文化性质与目的缺乏了解。对这些担心的回答正是对对比分析必要性的说明。要正确认识对比分析方法,需要澄清几个问题:

①强调文化差异不会否定文化共性。对比分析强调文化差异的对比,但是强调文化差异并不是否定文化的共性。相反,跨文化交际研究正是在承认人类文化共性的基础上研究文化差异,因为人类的文化共性是跨文化交际的基础。跨文化交际学者认为,人类文化相似之处是根本的和主要的,否则跨文化交际就无法进行。寻求与加固不同文化之间交际的共同基础又正是跨文化交际和跨文化交际研究的目的,这就是说,了解文化差异及其造成的文化误解和文化冲突对跨文化交际的干扰所在正是为了有效地排除文化差异对跨文化交际的干扰,也正是为了探索不同文化之间相互理解和彼此适应的途径,增强相互交际的共同基础(文化共性),只有具备交际的共同基础才能保证跨文化交际的顺利进行。

一种文化的特点只有通过跟别的文化比较才能显现出来,不同文化之间的同异点也只能通过相互比较才会显现出来。我们对对比分析方法的重要性和运用必须有足够的认识。在这个问题上,吕叔湘先生已有比较全面而又系统的论述。

第一,对比分析的目的是认识事物的文化特点。

吕叔湘曾说,一种事物的特点,要跟别的事物比较才会显出来……语言也是这样。要认识汉语的特点,就要跟非汉语比较;要认识现代汉语的特点,就要跟古汉语比较;要认识普通话的特点,就要跟方言比较。无论语音、语汇、语法,都可以通过对比来研究。要明白一种语文的文法,只有应用比较的方法……只有比较才能看出各种语文表现法的共同之点和特殊之点。假如能时时应用这个比较方法,不看文法书也不妨;假如不应用比较的方法,看了文法书也徒然。跨文化交际是来自不同文化的人之间的交际。只有通过文化、语言和交际的对比,才能了解各种语言、文化和交际之间的相同点和相异点,才谈得上跨文化意识的获取,才能进行跨文化交际。假如能用好对比方法,不引用大量理论也能充分说明问题;假如不用对比方法,引用再多权威理论也不一定具有说服力。

第二,对比分析强调的是文化差异,但并不否定文化共性。

强调文化差异,是因为只有文化差异才会构成对跨文化交际的干扰。注意文化差异是因为只有有差异才会出问题。

②分类对比与模式化没有必然的因果关系。对比分析必须分类,但分类要避免模式化。这里有两个问题必须澄清:

第一,科学研究难以摆脱归类分析。

人们知道,许多研究都有事物分类的方法。世界上的事物浩如烟海,人们不可能一件件地去进行研究,只有通过归类才便于操作。对比分析更离不开分类分析。古迪孔斯特编著的 *Cross-cultural and Intercultural Communication* 就是一部典型的归类对比之作。

第二,归类对比与模式化不是一回事。

文化模式化的显著特点是本着固有的文化成见和先入为主的态度,事先设计好一种模式,主观地将某种文化硬性塞进自己事先设计好的模式之中,以说明自己的主观看法的"正确性";而分类对比则是以客观实际为依据,在充分调查研究的基础之上,总结客观的事实和矛盾,不掺杂主观意志地进行对比分析。文化模式化采用的是过于简化,过于概括,甚至夸张的手法,以自己的文化偏见代替客观事实;分类对比则着眼于揭示客观现象的文化特征,避免主观心理的干扰,注重实事求是,避免过于简化、过于概括、脱离交际实际的空泛议论,注意具体问题具体分析。当然,在分类对比时,一定要坚持科学态度,严防模式化的干扰。

③强调差异与扩大差异、制造差异不存在必然联系。有人认为强调差异必然导致扩大差异和制造差异,这是一种非黑即白的绝对化的主观思维方法,也是对对比分析方法的误解:一是不了解跨文化性质对跨文化交际研究方法的要求;二是不了解跨文化交际和跨文化交际研究的目的是排除文化差异的干扰,加固跨文化交际的共同基础。因此,强调文化差异正是为了解决差异,而不是扩大差异,更不是制造差异。

④强调母语和母语文化的负迁移不是否定正迁移。母语和母语文化的正迁移不少,不过那些地方不用特别注意,因为对跨文化交际不会构成问题。只有负迁移才会干扰或阻碍跨文化交际,因此是应当注意的地方。

⑤对比分析与褒贬评论不是等值词。跨文化交际研究的对比分析方法与文化褒贬评论毫无关系,原因也很简单:跨文化交际的对比分析只比异同不论褒贬,这是跨文化交际和跨文化交际学研究方法的原则(见下文);文化褒贬论是跨文化交际和跨文化交际研究深恶痛绝的"三大敌人"造成的恶果,只会对跨文化交际起到阻碍和破坏的作用,因此是跨文化交际的"死敌",不对之严加防范就难以进行成功的跨文化交际。

三、对比分析的原则与方法

(一)对比分析的原则

关于对比分析,吕叔湘先生从 20 世纪 40 年代起有大量论述。他的观点可以全面概括对比分析的原则。

1. 对比要紧密结合实际

对比要紧密结合实际。一要在学习外国理论和借鉴外国经验的同时结合本国实际;二要注重自己的调查研究,着眼于解决中外跨文化交际中的实际问题。要注意研究中外跨文化交际的异同。吕先生曾告诫过他的研究生,要处理好中和外的关系以及虚和实的关系,提醒他们在向西方学习的同时,一定不要忘了结合中国语言实际;在学习借鉴外国语言学理论的同时,一定要重视发掘,研究语言事实,切忌撷拾新奇,游谈无根。我国当前跨文化交际研究中值得注意的大问题就是如何处理学习外国理论、经验与结合本国实际,进行创造性的理论研究之间的关系。

2. 对比分析的重点

对比分析的重点是语言和文化差异的各种表现,而且要认识到小异比大同重要得多,特别要注意那些貌合神离的社会现象和语言现象。这里有两点值得注意:

第一,应当重在查异、释异,以揭示和对比差异为主。

吕先生说,英语的语法跟汉语的语法比较,有很多地方不一样。当然,相同的地方也不少,不过那些地方不用特别注意,因为不会出问题,要注意的是不同的地方。在此,吕先生提出了两个极为重要的观点:一是不用特别注意相同的地方,要注意的是不同的地方;二是注意不同的地方的原因是只有有差异才会出问题。

第二,要注意对比双方的对应情况的差别,即对应的不同类型。

吕先生说,拿一种语言跟另一种语言比较,就会发现三种情况:第一种情况是彼此不同;第二种情况是此一彼多或者此多彼一;还有一种情况是此有彼无或此无彼有。大概说来有三种情况:英语、汉语基本相同,可以不说或一笔带过;同中有异的,要比较;一方有一方没有的,看情况处理。人们有时习惯于用非此即彼和非同则异的方法进行事物比较。这不仅无助于认清问题,还会起到误解或误导作用。事物的对应情况是复杂的,必须仔细分析和慎重研究,防止绝对化。

对比分析中,要特别注意的是那些有同有异、大同小异、同中有异、貌合神离的语言现象和文化现象,最难但也最为重要的是这类对比。吕先生说:要特别注意的是表面上好像一样,而仔细检查还是有分别的。这种相同而又不完全相同的情况,最需注意。用客观的眼光来看,这些大同是比那些小异更重要,因为这几条恰是语句组织的大纲。可是从学习者的立场说,那些小异比这些大同重要得多,道理很明显,相同则无须特别学习,相异就不得不特别注意。

3. 警惕用比附代替对比,即只见其同,不见其异

避免比附和善于比较,说起来容易,做起来常常很难,主要是人们缺乏跨文化意识,容易自觉不自觉地以自己的想法或母语文化代替他人的想法或他种文化,或者用他人的观点不加分析地解释自己的文化,这是第二语言学习和跨文化交际中极为有害的现象。吕先生说,学习者明明知道英语不是汉语,还是不知不觉地把英语当作和汉语差不多的东西看待,不知

不觉地在那儿比附。比较是比较,比附是比附。比较要注意英语和汉语不同之处,让学习者在这些地方特别小心,这是极应该的。而且,英语对我们来说是外国语,汉语是咱们的本族语,要是我们不帮着学习者去比较,他自己(除非有特殊的学习环境)会无意之中在那儿比较,而且只见其同不见其异,那就成了我们所说的比附了。

4. 对比分析不仅要知其然,还要知其所以然

不仅要知其然,还要知其所以然,这是对比分析的一条重要原则。只知其然,不知其所以然,是无法正确认识事物的。只能说是什么却说不清为什么,是无法让人信服的。"公说公有理,婆说婆有理"和以社会现象代替文化本质等弊端的根源就在于说不清所以然,只提出了一种看法,却既拿不出有说服力的证据,又道不明来龙去脉和历史渊源。当然,真正要做到说理富有说服力,必须刻苦钻研,力戒人云亦云,草率从事。吕先生的下一段话值得我们铭记在心:指明事物的异同所在不难,追究它们何以有此异同就不那么容易了,而这恰恰是对比研究的最终目的。

5. 对比分析的成效有赖于严谨的治学态度

对比分析能否具有成效,关键在于研究者是否具有严谨的治学态度。严谨的治学态度表现为:注重研究本国实际,不照搬外国理论;善于独立思考,不是人云亦云;善于观察问题、发现问题和科学地分析问题,不依赖"剪刀加糨糊"。

(二)对比分析的方法

1. 只比异同,不论褒贬

对比的目的不是发掘不同文化的优劣表现,更不是评判不同文化之间孰高孰低,以一种文化之长对比另一文化之短则更不足取。对比的目的只是促进不同文化之间友好的交往。所以,对比成败的关键在于能否排除文化优越感、文化模式化和文化偏见的干扰。

2. 对比的是每种语言民族的主导文化

主导文化指的是,在人们日常生活中起主导作用的那些文化因素,也是同一民族共同认可的标准语言(如汉语的普通话)和标准行为的文化特征,是当前绝大多数人所遵循的、在对外交往场合适用的那些交际规则。

3. 对比的是交际规则,而不是社会现象

文化特征和交际规则是通过社会现象体现出来的,但不是任何社会现象(有时可能是某一时期相当普遍的社会现象)都是该社会交际规则和文化特征的反映。所谓交际规则,指的是同一文化中人们的行为、举止和谈吐必须遵循的由该文化长期积淀而成的习俗和规则。违背了这些规则,行为就不得体。现在跨文化交际研究中最需要注意的问题之一是不能草率地用孤立的社会现象(有时甚至是某一特殊时期的普遍现象)代替交际规则,更不可用一

种文化的交际规则去评判信手拈来的另一文化的某种社会现象。

4. 对比必须是共时对比和公平对比

对比分析要着眼于解决现实生活与当前跨文化交际中的现实问题。一定要避免以一种文化的过去对比另一种文化的现在，更不可以一种文化的过去代替该文化的现在，也不可以一种文化之长对比另一种文化之短，或用一种文化的交际准则对比另一种文化的社会现象。社会现象繁杂多变，任何人都可以从同一社会中找到千万条事例证明自己与众不同的观点。然而，只有反映该文化特性的那些现象才是合适的事例。而要抓住这样的事例，就必须善于通过现象看本质，像弗里斯所说的那样，一定要将个别孤立的事件与生活模式的本质区分开来，还必须清醒地认识到生活体验必须是全面的，一种现象是否反映该文化的特点，要看其是否与该文化的整体密不可分，代表一种文化特征的社会现象必须是可以从该文化背景中找到可靠依据的本质现象。

5. 对比分析需要说明所以然

对交际行为追根溯源和进行交际价值的文化特征的考证都是至关重要的。

（1）对比分析需要追根溯源

对比分析要有根有据才有说服力。追根溯源就是追溯历史渊源。

（2）对比分析需要在认真调查研究的基础上对比分析交际价值

词句的文化含义常常在具体的跨文化交际中才会显现出来，需要善于发现问题，进行深入调查研究，发掘其交际价值的文化特性。例如，西方人对中国文化中"友谊"的文化含义颇有微词，文化误解不少，要解决这一难题，就需要进行认真细致的调查研究，了解问题所在并进行细致分析。

在对外交往中，人们习惯于"朋友"与"友谊"不离口，这当然是正常的，但是，并不是人人都清楚不同文化的人对这两个词的含义的理解和想象会有所不同。翻开英汉和汉英双解词典或者英语与对外汉语教科书的双语词汇表，汉语的"朋友"与英语的"friend"当然是人们公认的对应词，同样，汉语的"友谊"与英语的"friendship"之间的意义对应关系也毋庸置疑。然而，学习者一旦离开外语教学环境，置身于跨文化交际环境之中，就会发现这两对词在中西方两种文化的人们头脑中有时产生的是不同的心理图景。

在"朋友"与"友谊"的问题上产生的文化误解和文化冲突主要源于汉语的"朋友"与英语的"friend"的文化含义的差异和两种文化交友原则的不同。透过交友原则的文化差异对比，我们可以更加清楚地了解这两个词语文化含义的差异，主要表现为：

①对"朋友"含义的理解和择友的标准不同。在中国历史上，人们认为，"同师曰朋，同志曰友"，"朋友"即"同师同志之人"，朋友之间应是"同德同心"的关系。在现代中国，朋友之间仍然注重志趣的相投和交情的深厚。交友的标准是人的品性、美德和成就。英语文化的"friend"则是具有共同喜好，愿意轻松自在地在一起活动的"伙伴"。择友的标准是外在的风度、社交的能力和创造轻松愉快的气氛的本领。所以，中西方两种文化的人相互交往中常常会发生对"朋友"含义理解的矛盾。

②对人际关系的看法不同。"关系"在有人群的任何地方都存在,"友谊"就是一种人际关系。但是,中国文化是群体文化,友谊是一种相互信任和彼此关切的友好感情关系,好友之间无话不谈,无所隐瞒。英语文化是个体文化,友谊是不同独立自主的个体之间共同活动但互不干涉个人自由的伙伴关系,友谊关系不能侵犯个体独立,朋友之间个人隐私必须得到维护。友情关系的建立需要一个相互了解和培养感情的过程,而且感情关系的亲疏和友情历史的长短又决定着友谊关系的不同层次。所以,真正的友情一旦建立,就会持续长久。伙伴关系多数建立于不同的工作和活动的环境之中,相互之间没有严格的要求,也不必深入了解和严格选择,朋友范围可以相当广泛。这种关系可以随着活动的开始而始,随着活动的结束而终。这就是西方的"泛爱"在社交关系中的表现。所以,中西方两种文化的人相互交往时就会产生对友谊关系的认识和期待的分歧。

③交际方式的不同。友情关系重内在的相互信任和情感沟通,相互之间不在意共同参加活动的多寡,注重的是实际关心和帮助以及不受约束的来往和不分彼此的共处。伙伴关系重外在共同活动的兴趣和共享话题的交谈,看重的是共同参与的活动、广泛交谈的话题和随意融洽的相互称呼。两种文化的人相处中不仅会对交际方式互不适应,还会产生价值观念的文化冲突。

④朋友之间的要求不同。群体文化的朋友应当不分彼此,来往自由,相互帮助,彼此依靠,亲密朋友之间还根据需要相互承担一定的义务,甚至还会同富贵,共患难。个体文化的朋友之间互无所求,也互不承担义务,交往也必须相互约定。两种文化的人相互交往中就会产生相互关切与个人自主的冲突。

不同语言的词语之间文化含义的差异有许多反映在文化背景的差异上,只有了解了这些词语意义的背景来源才能准确理解其文化含义。但也有些词语的文化含义在实际跨文化交际中才能得以显露,离开跨文化交际语境则难以发现其文化特性和交际价值,甚至在信息传递过程中发生了编码与解码的文化冲突都难以觉察,我们讨论的"朋友"与"友谊"就属后一类型。外语学习者和对外交往人士对于后一类词语要善于通过实际跨文化交际环境,揭示这类词语的文化含义在其交际价值中的体现,及其文化差异可能导致的交际障碍和文化冲突。

词语的交际价值和文化背景意义不是割裂的。词语的文化含义与语言概念意义也不是分离的。通过对中西方文化交友习俗的对比可以更加清楚地了解汉语的"朋友"与英语的"friend",汉语的"友谊"与英语的"friendship"的文化含义对应情况,也可深入了解这两个词背后的深刻含义:"朋友"意为"彼此有交情的人",重在"交情";而"friend"意为"具有共同感受、喜好和看法,愿意在一起的人",重在共同的兴趣和在一起相处的愿望。通过对比,我们发现,"朋友"与"friend"之间既有相互喜爱和愿意在一起相处的共同之处,也有文化内涵多种差别的"貌合神离"的地方。

6. 对比分析包括"明比"和"暗比"

对比分析不仅有直截了当的对比,即"明比",还可以进行"暗比",即以某一文化的语言规则和交际规则作为参照物,有针对性地解释或教授第二语言和第二文化及其交际规则。例如,向西方人讲解汉语询问型问候语的信息意义和文化特征。

第二章　跨文化交际

第一节　跨文化交际

中国要成为全球性的大国,就必然要和世界上所有的民族打交道。中国不仅要同世界的主流文化,也要同世界的边缘文化或是亚文化交流,只有这样,才能成为在全世界各地都有影响的文明先进的大国,这也是我们研究跨文化交际的主要目的之一。当今,越来越多的人认识到,与不同文化背景的人交往不仅涉及语言,而且不可避免地涉及文化及其相关的各种要素。因而,学习外语时只学语音、语法、词汇是远远不够的,还应该学习有关的不同的社会文化知识。目前,阐述外语教学中文化导入的著述不少,但对文化导入的原则、过程、方法、途径、具体内容等问题仍有进一步深入研究的必要。国际交流是双向的,中国不仅要翻译引进世界各国的先进科技成果、管理经验和生产手段,同时也要通过翻译向全世界介绍博大精深的华夏文化。必须认识到,在这种跨文化对话中,双方的主体并非是由来自同一传统文化与认知模式凝结而成,他们继承了不同的文化传统和人文精神,有不同的认识世界的渠道,也有观察自然与人类社会的不同视角。这使得他们的交往活动变得纷繁复杂。每个参与者不仅要对自己的社会与文化有较深入的了解,也要对另一方的有所了解,并通过努力来达到相互了解与谅解,进一步相互接受,探讨不同文化之间的合理交往模式和理论框架,建立起跨文化交流的理性原则。

一、跨文化交际学

跨文化交际学是一门国际性的新学科,至今有近四十年的历史,学界把爱德华·T.霍尔(Edward T. Hall)的《无声的语言》视为跨文化研究的奠基之作。作为一门学科,跨文化交际学的历史是短暂的,但作为一种社会现象和发展过程,它与人类历史一样悠久,可追溯到原始部落时期,因为各部落都需要外来婚姻来维系家族的延续。这种跨部落的婚姻不仅有生物学上的意义,即改进人种的素质,也带来各部落之间的文化交流和沟通,促成文化多样性的形成和人的社会发展,使人类能够昌盛繁荣,可以组成更大的社会团体,如民族、国家与国际社会。

　　跨文化交际研究能帮助突破本族文化的局限去认识和了解他族文化,从而拓展自己内在的文化心理空间,把本族文化置于更广泛复杂的世界文化背景中去审视,同世界文明对话。由于人类早期地理环境的局限,不能全面地相互了解,在跨文化交流中觉得障碍重重,误解冲突不断。现代社会已经深刻地意识到了这一点。现代跨文化交际学是在人类社团广泛地互相开放后,在国际交往日渐频繁的活动中产生的。它是研究世界文化交流,研究解决由交流产生的东西方文化和文明冲突的产物。在跨文化交际学形成初期,语言学、人类学、社会学、传播学及心理学等以各自的学科观点对其进行分析并提出避免文化和文明冲突的见解,促进了现代跨文化交际学理论基础的形成与发展。在现代社会中,人类学、社会学、心理学及语言学等都对跨文化交际中的文化差异现象进行了深刻的研究,并作了比较详尽的分析和总结。跨文化交际学形成了一门新的研究人类大规模交往的科学,它综合各个学科对文化冲突的见解并形成了自己的理论基础,阐明跨文化交际的内涵。跨文化交际学除研究文化的定义与特点,交际的定义与特征以及文化与交际的关系之外,着重研究干扰跨文化交际的文化因素,以求交流成功。跨文化交际学涉及语言交际、非语言交际、交际手段、思维模式、价值观念、认知行为等交际所需的各大要素。由于不同文化背景的人在上述各方面存在差异,便有可能会造成相互沟通受阻,合作受挫,交际失败。要解开跨文化交际失败之谜,就有必要去找寻失误的根源并提出解决问题的途径,然后再进行跨文化交际技能训练,最终才能成功地进行跨文化交际,这便是研究跨文化交际学的方向和目的。

　　避免跨文化交际失误最早、最原始的方法是介绍异国文化习俗和两国之间的文化差异,增强跨文化意识的敏感性,通过文化差异分析找到失败的根源。人们认识到,仅仅介绍两国文化差异来避免跨文化交际中的失误是远远不够的,了解交际双方的价值标准并努力追求二元文化的协调兼容才是成功地进行跨文化交际的关键环节。由此,人们加深了对跨文化交际、语言与文化、语言与思维及外语学习与教学之间的复杂关系的了解,也进一步促进了跨文化交际学的发展。跨文化交际学对上述内容作了综合研究,对国际交往中的各种现象提出了许多独到的见解,并认为研究各种文化之间的差异与类同对于跨文化理解具有重大意义。分析跨文化差异与类同能找出跨文化交际失败的原因,这样就能解释交际双方在交际中为什么常常出现文化冲突的原因。跨文化交际成功与否基于交际双方的相互沟通、理解和谅解的程度。双方需要对彼此间的文化差异现象达成共识,从而创造新文化,逾越不同的语言交际、非语言交际、交际手段、价值观念、思维模式和认知行为等,最终达到相互谅解。

　　在跨文化交际中普遍存在三种状况:第一种状况是交际双方各持不同的文化观点参与跨文化交际,两种文化观念、价值标准不能相互融合,导致交际失败,且双方都不明白导致失败的原因。第二种状况是交际双方已将不同的文化、价值标准组合在一起。但交际时各持不同的文化观念、价值标准,因此,发生冲突,导致交际失败。第三种状况是交际双方将不同的文化、价值标准融合起来,并对文化差异达成共识,且创造出新文化、新价值标准,使彼此都能接受,最终促成交际成功。新文化、新价值标准是成功地进行交际双方的中介,和而不同,这也正是跨文化交际学所探索的目标。

　　我们知道,要成功地进行言语交际,双方都必须遵循话语形式适切性的原则。也就是说,话语形式必须与题旨情景相适应。然而,在跨文化交际中,两种不同文化心理和交际规约往往发生碰撞,产生文化冲突和出现交际障碍。究其原因,涉及的因素很多。在实际生活中,交际一方常是操第二语言进行交际,这时说话人选择什么样的言语策略进行交际,除了受语境的限制以外,还受制于他们操第二语言的熟练程度。同时,也与他们的思维方式、价值观念、语言心理、宗教信仰等有密切关系。根据跨文化交际特征,它涉及有语言交际、非语言交际、交际手段、价值观念、思维模式、认知行为等方面的研究。

二、不同的认知行为与跨文化误解

　　人类各民族的认知行为因文化、语言、人文环境的不同而有差异,这是造成跨文化误解的深层因素之一。认知行为是指看待事物的方式。一个人的认知行为是基于受其文化社会影响而形成的固定的认知图式之上的,并以此来观察或判断事物的发展和人的行为。人的行为或事物发展与认知图式不吻合时,对事物的评价就会截然不同,误解便随之产生。在西方国家,直言不讳、各抒己见受到尊重。这不仅体现于朋友之间、师生之间,而且体现于上下级、长辈和晚辈之间。西方人赞赏对方明确提出不同观点的做法,希望通过对方坦率、直言不讳地交换意见,最终达成共识。而对诸如"可能""也许"之类模棱两可的回答非常反感。而东方人却认为,向上级或长辈提出不一致的观点是失礼的,会使对方难堪,甚至担心会破坏双方关系或感情。因此,在东西方交流中,如在一些商务洽谈会上,东方人尤其是日本人是不向对方直接提出相反看法的,总是迂回婉转地暗示。如果对方不能悟出其中的真意,就会产生误解,会谈可能变得紧张,合作也不会愉快。

　　加强跨文化交际技能训练是一种行之有效的消除和减轻跨文化交际障碍的措施。对各类跨文化人员进行跨文化交际技能培训,培训内容可分为:①语言的语用功能;②常用的英美国家的非语言行为;③交际手段;④价值观念对比分析;⑤思维模式分析;等等。

三、不同的价值观与文化差异

　　在社会发展过程中形成的价值观念因社会体制、社会环境、传统文化而有所不同。东西方人的价值观念因受各自传统文化的影响而差异甚大。中国文化素以谦虚、礼让、中庸平和、家庭和睦(修身齐家)的优良传统而著称,强调个人服从集体,集体利益大于个人利益,无论社会、学校还是家庭,都以这一传统的价值观念教育下一代。因而我们就习惯于以此标准来衡量人们的道德行为、世界观及人生观。而西方则推崇个人进取精神,讲究个人奋斗、个人权利、个人隐私权、人格独立,因而富有创造性,并以个人成功来衡量人生价值。西方人这种追求成功、创新的观念不仅表现在个人生活上,而且体现在集体、国家生活上。中国人家庭观念强,注重人际关系,强调合作和突出集体精神,所以能维系中华民族的大一统。显然,这两种社会价值观主体是不一致的。在中美、日美的频繁交往中,常常会出现双方各自表述自己的立场观点、泾渭分明的场面。

四、文化差异因素

跨文化交际过程中,两种语言体系所承载的文化特征表现为完全重叠、部分重叠、不同、类似、相同、文化空缺或相互矛盾。而负载文化信息的语言形式既是多层次的,如语音、词汇、句子、文体和篇章结构,同时又是多方位的,如内涵、外延、风格、情感、褒贬、语域等。它们还有口语、书面语、俗语、俚语等的区别。英汉语各是东西方典型的主流语言,更是有种种相异的地方。

中国人的思维模式主要来自汉字文化。汉字由于其发达的表意功能造就了独特的汉字文化,汉字的偏旁、部首促进了中国人类比思维的发展,其形音会意的特点也使得中国人的声音和形象思维更加细腻,这些对中国人的思维模式以及艺术形象的创作都有深远的影响。汉英两种语言在各层面有很大的差异。在语言形式上的差异是讲不同语言的社团的社会文化差异的外在表现。其实,汉字的形音、会意、指示、象形适合汉民族形象思维特点和汉字的音节特点。而拼音文字与西方的抽象逻辑线性思维及文化心态有关。汉语句子重意不重形,三言两语,重在"意会",这与汉民族含而不露的心态和思维倾向有关。汉语句法框架的"简明性"是汉族简朴实用的价值观的体现;汉字喜直觉形象,行文常从整体出发去描述,重综合和归纳。英语行文成线性排列组合,形成了一种重逻辑分析和演绎的抽象思维。这种认知方式和文化心态也反映在英语语义表达和句法结构上重形合,以动词为核心的句法结构,其时态、人称、单复数、第三人称单数、虚拟、数的一致,都体现在动词上。

从语言心理的角度分析,英汉民族在思维方面也有差异。讲英语的民族较注重客体思维,因而较常用物称表达法,即不用人称来叙述,英美民族的性格特征,其主观语言心理和客观社会文化,形成了英语较多地使用抽象、逻辑等陈述方式;汉语比较注重准确、鲜明、生动、简明及畅达的历史和现实的依据。

从信息论的角度出发,当语言作为信道传送信息时,解码必须根据信息库中双方共同理解的码进行,编码者(即发出信息的发话人)跟解码者(即接受信息的受话人)出于不同文化背景而产生对码的不同理解,就可能产生难解、误解、歧见、错解甚至解码中止。

这个陌生文化因素造成解码障碍的表现之一就是由于对第二语言的文化传统和文化习惯的不了解,而错误地选择了话语形式,从而造成交际障碍和误解。不同语言中有些词语的概念意义和描述意义一般来说是相同的。但其文化内涵却常有出人意料之处。如 Queen's English 就不是指英女王的具体言辞,而是代表正统的标准英语。Baby kissers 是"吻婴儿的人",但暗指那些为拉选票、讨好选民的政客,他们在公共场所拥抱小孩,亲昵无比,常常是为了哗众取宠。Ambulance chaser 不是"追赶救护车的人",而是指见了官司就趋之若鹜的"唯利是图的低级律师"。翻译活动不可能在一种真空条件中进行,它永远受到各种外部因素的制约。首先是在不同文化的双重话语权力的制约之下,在不同的文化传统和价值观的交流、碰撞和融会的主流中进行,受到译者主观意识的"修正"或"改写"。原来"编码"与"解码"的纯技术性操作由于上述因素的参与而变得更为复杂,翻译的视野和疆域也因此而得到极大的拓展。

　　从解构学的角度来看,西方的拼音文字与西方形而上学传统的罗格斯中心主义以及二元对抗的思维模式是紧密相连,互为因果的。拼音文字相对于东方象形文字而言,更受语法逻辑的僵化压制。英语句子中意群成分的安排是通过不同的形态词尾,大量的介词、连词及从句等语法手段来表现的,这种严谨的语法结构使讲英语的人善于作抽象的形式分析;汉语句子中各意群、成分之间的语义联系常常是通过内在的语义联系贯穿的。因此,在跨文化的言语翻译中,通过对这一系列的比较才能在翻译中准确地表达出原意。而历史上曾占中心和统治地位的翻译结构学派大都只关注语言内部的语义与句法层面的静态关系,忽略了语言的主体性,忽视了语言外部情景性的影响,文化传统和社会意识等长期隐藏在人们思想深处的潜意识的作用,没有意识到各种话语权力,特别是强势社团的话语权力对翻译活动的潜在干预。

　　从思维方式上来讲,西方人较注重定量分析,进行逻辑推理,并善于从事物的现象中进行归纳与概括,找出或发现事物的本质或发展规律。这样既能解决实际问题又能避免类似事情发生。他们善于进行逻辑推理,思维活跃,创新意识和决策性强;而中国人较注重直觉与先验理论,因而善于以经验为依据来分析,判断并解决问题,从而形成定向思维。这种定向思维具有两重性:一方面,它能解决与过去类似的问题,效率高,省时又省力,可收到事半功倍的效果;另一方面,它却无法圆满解决新形势下由于不同的文化背景而带来的矛盾。因为这种问题是无法仅凭过去的经验来解决的。此外,定向思维的人容易养成就事论事的作风,往往要等到问题出现后,才想到去处理。我们不认为上述两种思维方式有优劣之分,而认为这两种思维应相互补充,灵活运用。

　　思维模式的差异也是造成跨文化交际翻译障碍的一个主要因素。在翻译过程中,原语信息的解码、传递和重组必然会受到原语文化和目标语文化的制约。两者之间的差距越大,交际中信息的变形和修正就越厉害。思维是基于事物的概念而进行分析、综合、判断、推理等的心理活动。思维可分为形象思维、抽象思维、逻辑思维、定向思维等,而每一思维活动方式都是受不同文化、个人知识结构、社会或工作环境、习惯的解决问题方式等的影响而形成的。由此可见,人们是以不同的思维方式进行分析、判断、解决同一问题的,这一思维模式的差异使人们对同一事物产生不同的看法,彼此之间难以达成共识,致使交流合作受挫。在跨文化合作中,这种由思维模式差异引发的误解频频发生,却又鲜为人知。

　　无论从什么角度出发,谁都不愿误解、误译。然而在跨文化的翻译中,错误却是相当普遍的,撇开那些胡猜乱译不说,主观上认真努力的翻译工作者也难免出差错,难免误解错译,更不用说处置不当之处了。究其原因,是两种截然不同的语言与文化之间的巨大差异造成的。所以,要解决误译,根本出路在于翻译工作者必须精通双语以及两种文化,只有掌握文化后才能准确地理解语言,而文化同样是需要习得的。文化翻译像语言一样要遵守"忠实"的原则,任何对异文化的曲解都是违背翻译宗旨的。如前文所述,每一种语言都有自己独特的表达方式,也是另一种语言无法对等解释的。许多前人积累下来的精彩翻译是值得继承发扬的,而前人的误解、误译也同样值得重视;如果不吸取这些教训,我们今天也同样会掉入陷阱,重蹈覆辙。

第二节　跨文化文学解读与欣赏

　　本节从跨文化的角度来宏观地解读美国文学,强调正确地认识美国文学的影响,并力求以平等对话的态度来解构美国文学的人文背景,促进文化沟通。人们可以从他种文化中反观自身,从多种文化的接触来更深刻地理解和处理自己民族和世界其他民族之间的关系,这种认知角度给人们带来一个更高的文化认知的境界。

　　跨文化、跨学科的文化研究在现代显得比以往任何时候都重要,它的根本目的就在于促进文化沟通,避免灾难性的文化冲突,改进人类文化生态和人文环境。跨文化的文学研究的作用都是为了促进和加速各民族文学以多种途径汇入世界文学发展的脉络,从而使两者都有更大的发展。20世纪下半叶,西方进入了后工业社会,其传统的社会文化赖以生存的基础产生了危机。解构主义的"拆除在场、瓦解中心"的策略摧毁了西方经典文化赖以生存的人文基础和逻辑思路。西方中心论在多元化的崛起中分崩离析,成为人们记忆中不甚光彩的碎片。一方面,西方中心的淡去带来了多元文化的繁荣,形成了更广泛的文学国际交流;另一方面,国际经济的形成使各国的经济、科技,乃至政治都相互联系在一起,很多世界事务都由联合国出面解决,这就产生了一个国际视野。人们可以从他种文化中反观自身,从多种文化的接触来更深刻地理解处理自己民族和世界其他民族之间的关系。异地文化反观本土文化常常有出人意料的启迪作用,给人们一个更高的文化认知的境界。

　　跨文化的文学解码当然是跨文化文学研究的重要手段之一。举一个小小的例子来说,在文学描写中,镜子是一个遍及各民族文学的比喻。但西方常用镜子来强调文学作品的逼真和完全,中国常用镜子来强调文学作者心灵的虚静和澄明,印度则用镜子来强调世界的虚静和无穷无尽。这些不同的认知差异又反映了各种文化的不同特点,小小的镜子的比喻就有如此之不同。文化在很早的时候就担负起了跨文化交际的重任,中国东汉时期翻译的佛典譬喻文艺对中国文学乃至哲学都产生过巨大影响。譬喻文艺中的精品有《法句经》《百喻经》《五阴譬喻经》等。金庸在他的《笑傲江湖》中还通过仪琳之口说了几百个《百喻经》中的故事逗乐令狐冲。在中国历史上,佛经很快融入汉民族的生活之中,对人们的观念产生了巨大的影响。这些佛像大耳垂肩,双手过膝,齿牙白净,被用来描写帝王将相的异象。今天大耳仍被认为是福相,由此可见文学对世界文化、社会文化的深远影响。

第三节　全球化与文化多元

自从猿进化成人以来，人类就一直生活在一个多种文明共存的世界里。现代文明是人类的集体无意识，是各族人民所创造的不同文明汇集而成的文化共同体系。由于所处的地理环境和历史经历不同，世界上不同国家和民族彼此的生活生产方式、语言习惯、宗教习俗、价值观念也不尽相同。如中国古代文明诞生于黄河流域，是在一个温暖的大陆环境中，很早就形成的农业定居生活方式，逐渐孕育了重视家庭伦理和关注天人关系的价值观；而古希腊人依托海洋为生，他们关注生存、强调探险和寻求发展，其社会意识和价值取向有明显不同。然而任何一种有生命力的文明都会通过与其他文明的交流、学习、冲突和融合，在保持自身特色和相对独立的同时实现发展和创新。像中华文明在唐、宋、明等朝代的几次开放中都带来了中国文化辉煌灿烂的发展。然而历史昭然于世，一个封闭社会必然是僵化和落后的，最终被淘汰出局，单一化的文明只能使社会失去发展活力。如中世纪的欧洲，中国近、现代的闭关锁国，都曾使文明步伐停滞不前，甚至倒退。人类文明的相互作用规律和发展新特点对于地球未来文明发展有着重要启示。

不同文明的共存和竞争必然推动人类文明的发展，其互相借鉴和激励的模式有多种。一是较高水平的文明起示范和引导作用。通过引进先进的科学技术、生产方式、先进的思想观念、社会制度，并结合自身特点来引发本民族文明的重构、变革和进步。二是不同文明间的互补融合。不同文明各有长短，通过比较、选择，取长补短，创造出兼容性更强、更为优化的文明。三是不同文明之间的冲突和挑战。当一种文明受到挑战、冲突的压力陡增时，这种紧张状态能激发其内在的创新，形成新的发展动因，凝聚成一种应对挑战、加快发展的力量。

当代人类文明还表现出诸多的特点：

一是自然因素作用淡化。由于经济全球化、社会信息化、交通现代化，人种和地理因素对文明的影响日渐缩小，而人文、科学技术和社会变革因素所起的作用增大。

二是各文明发展水平趋于接近。现代文明间的发展差距虽然可以有几十年、上百年，但与历史上不同文明发展水平距离几百年、几千年比较，文明水平趋近了。

三是创新作用的强化。现代创新的突飞猛进，近百年全世界所创造的生产力和财富，超越了人类历史上所创造的生产力和财富的总和，人类达到了空前的物质文明和精神文明，即所谓的"饱和文明状态"。人类文明跨进了新千年，一个东西方文明大交流、大碰撞和大融合的时代来临，东西方文化犹如太极中千变万化的阴阳鱼，象征着世界文化的嬗变。在科技方面，混沌理论（theory of chaos）、孤子理论（theory of soliton）和分形理论（theory of fractal）在自然科学领域成为非线性科学的三大前沿理论；经济全球化和文化多元化则并驾齐驱成为经济和文化的世界潮流。随着全球网络化的普及,世界各国、各民族的交往达到空前的频繁。

四是处于现代工业文明的西方展现了前所未有的人的创造力和无休止的欲望,随之而来的是人性的物化和技术的异化、生态系统的失衡,日渐突兀的深层文化的崩溃和世界文明冲突也同时显现了工业文明理性文明的局限。处于后工业文明的发达西方社会发现自己不能再回归其文化原创,不能回归传统,即从古希腊和罗马文化中吸取智慧与力量时,西方的有识之士希望从东方的古老文明中获取新的启迪和力量。东西方文明的借鉴和融会有了新的契机,它将带来世界文化的重构并使人类文明走向更高层次。

当今全球化趋势是人类文明重构和走向更高层次人类文明的过程。在这个过程中,各民族必然要对自己文化进行审视、判断、筛选和定向。作为世界上最大的发展中国家,中国要“吸收世界上所有的文明成果”,树立一个负责任的大国形象,为国际社会的和平稳定和发展做出应有的贡献。同时,中国也要发扬光大自己的文化传统,丰富世界文化内涵与遗产。因为,越是民族性的,就越具有国际性。在这个过程中,各民族必然要对自己文化进行审视、判断、筛选和定向。而多元化也是一个与之同步的文明重构的过程,它是与全球化相反相成的本土化与多元化并存的发展趋向。文明的发展存在着两个面,缺一不可。当然,全球化不是西方化,更不是英美化;多元化也不是民族中心主义或是孤立主义的抬头。全球一体化是在尊重多元化的前提下而言的,期待未来会产生一个单一的普世文明是不现实的,未来也必然是多种文明与文化的并存和交流。没有个性,也就没有共性,因而一个抹杀个性的社会是一个可怕的社会。原因很简单,任何一个人都要顽强地维护自己的尊严和个性,任何一个和谐的家庭都要维护其成员应有的权利和隐私。个人和家庭如此,国家和社会也是如此,全球一体化的“大同社会”也要维护各民族的特性和“隐私”,因为多元文化是世界文明发展的最大财富。

第三章　跨文化差异与融合

第一节　跨文化交流

跨文化交流作为一种现象久已存在,但作为专项研究的历史还很短。由于现代社会的迅猛发展,便利的现代空中交通,卫星电视传播的普及运用,各民族、各国的经济、政治和文化交往日渐频繁,推动人们对不同民族文化间的差异进行了研究。在我国"文化比较""价值观比较""思维方式比较""传统习俗的比较""隐语结构的比较""企业文化比较"和"中西方人际关系比较"等引起了越来越多的涉外人员、商界、哲学界、史学界以及民俗界等研究人员的兴趣。国际间各民族的往来缩短了世界人民间的距离,增进了理解。近十多年来的"地球村"概念,标志了当代跨文化交际的崭新意识,从而进入了一个全新的跨文化大交流时期。对全球化语境中的人文科学、翻译与跨文化的互为文本性、语言与文学的文化转向、外语教学中的跨文化问题等进行广泛而深入的研讨。加强新形势下的跨文化研究,拓宽研究领域,从跨文化政治、跨文化经济、跨文化外交、跨文化贸易、跨文化教育、跨文化法律等的研究,将宽泛的跨文化研究具体化、深入化、系统化,从而研究经济全球化带来的问题和挑战,提出应对的策略和方法,改善和提高中西文化对话与交流的水平,使中国同国际社会的对话更加主动,同时也让更多的外国人了解中国文化,让中国人了解国外的发展和变化,促进人类社会的交流与进步。

跨文化交流既涉及文化,又涉及交际。文化又可分为三个层次:高层文化,或称精英文化;民间文化,或称通俗文化;深层文化,或称深层文化结构。高层文化包括哲学、文学、艺术、音乐与宗教。民间文化则指一个民族的风俗习惯,生活方式(衣、食、住、行)和人际间的行为模式。深层文化则反映人们的价值、道德、文化观、心理结构、思维方式。由此看来文化是一个庞杂而又界线模糊的观念。它可以是一个社会的所想所做,也是信仰、习惯、生活方式、行为方式和科学文化知识积淀的总和。它还是一个民族认同的纽带,是一个社会赖以存在的无形资产。跨文化交际是对不同文化源的信息的编码和解码的过程,这个过程受到社会文化、心理、环境等因素的影响。这些因素又因文化而异，阻碍不同文化背景的人们进行交际的关键就在于此。

一、双语双文化心态

熟练的双语使用者，也必然是双文化的习得者，也非常熟悉两种语言文化的行为规范，并按所在的环境来调整自己的言语及社交行为。作为能讲英语的中国人，他/她也一定受汉文化中谦虚美德的熏陶，在受到赞扬的时候，也会说："哪里，哪里，过奖了。"或强调是大伙的支持或是侥幸取胜的；而英美人则认为赞扬是对成绩或事实的承认，会欣然领受。如果以中国人行事的方法来说英语，这时谦虚起来，那就麻烦了，英美人在真心实意赞扬你时，会感到当头被淋了一盆冷水，遭了白眼。因为这意味着他们的赞扬是不实事求是的，甚至是吹牛拍马的。所以中国人说英语也要 Do as the English people do。听到说英语的赞扬，就要 Thank you，要欣然领受。这种两面做法有时使讲英语的中国人感到难受，产生一种两面人的感觉，是不是一种逢场作戏呢？中国的谦逊美德到哪里去了呢？说中国话时的谦虚也不是出于一种美德，而是需要；说英语时对赞扬的欣然领受是对赞扬你的人的一种承认（即他们说的是实事求是的）。类似的还有，在接受中国人的礼品时，就不要当着客人的面打开，要推辞一番，表示无功无德，受之有愧的心情。当接受西方人的礼品时，就要当客人的面打开，并表示欢喜，体现一种投桃报李的礼节。说英语的中国人始终要记住两种行事规则，对两者都要一视同仁，无论对谁都无错可言，使用起来是根据需要，这就是一种矛盾的双语双文化的心态。

相反，讲中国话的老外在中国人家做客，那待客的茶水，可以喝，也可以不喝，主随客便。你喝干了，主人还会斟满的，你喝得越快，那主人也斟得越快，这使许多西方人感到惊讶。在西方做客，你要的咖啡或饮料是一定要喝的，你要了又不喝，那是不礼貌的。看来喝不喝是身不由己，还是看需要。学会了一门外语，又学会了一种行事的方法和一套行为规范，但有时真让人不知所措。比如一个说英语的中国人与一个说汉语的老外在一块，是按中国方式还是按西方礼节行事呢？

在不同的语言中，具有相同语言意义的词，由于受"意识文化"的影响，会有不同的"语用意义"。如：汉语中的"奶奶"和英语中的 granny 在语言意义方面是相同的，而在语用意义上，在中国对年龄大的妇女称"奶奶"表示尊敬，而在西方国家，如用英语对某女士称 granny，则不会受到欢迎。在英美文化中，granny 这类称呼语与显示老年人"精力、体力和能力下降"这一意义联系在一起。你是称呼一位老人为 granny（老大娘），还是 aunt（婶婶）呢？又如老师和 teacher 在语言意义上都是教师的意思，而在语用意义方面，在中国有尊师的观念，对人，不论其职业如何，称老师表示尊敬，而在西方国家，teacher 一词只表示一种职业，如对不是做教师的人称 teacher 则会令人不理解。我们中国人往往称中年以上的人为"老王""王老"等，以示尊敬。而在西方，"老"却意味着衰朽残年，已不中用，来日无多等。因此，西方人十分忌讳"老"字，而喜欢听 you are young and beautiful（你既年轻又漂亮），尤其是女性，或 you are learned（您学识渊博）之类的恭维话。所以在交际过程中，如果我们称某位外国朋友为 Old Mr. John（老约翰先生）等，肯定会伤害对方的自尊心，引起对方心中的不快。你能用两种心态来做人吗？

翻译活动明显是社会背景与文化传统很不相同的两种文化间的一种交往与交流，是一种"非常规的对话"。因为它不同于在同一社会和文化背景中的"常规对话"。"常规对话"是具有共同基础、前提和规范的交流和往来。而"非常规对话"则缺乏这样共同的基础，是在不同的文化背景、前提和规范下的交流与往来。这实际成为一种"哲学对话"，一场真正的人类对话！因为，它更凸现对话的本质。

二、英语学习中的文化冲突

如果把外语学习的问题放在中国国内的环境来考虑，也是有很多难言的隐痛。首先是话语权力，主流语言肯定是一种权力，因而它体现一种文化身份。中国要与国际接轨，就数英语吃香，谁都得学英语。一个中国人从中小学就开始学英语，一直到大学毕业，如果再读研究生，考托福，大概需要花费 20 年时间。学英语几乎占了中国学生五分之一，甚至更多的学习时间。最后的结果是，大多数人说的英语还不敢担保外国人能听懂。学英语成了中国人的人力、物力、智力和体力上的重大负担。但没有别的办法，因为英语是全球通用语言，而汉语不是。最根本的原因当然是社会经济不发达。目前，全世界 45 个国家的官方语言是英语，世界上 1/3 的人讲英语，75% 的电视节目是英语的，80% 以上的科技信息用英文表达，几乎 100% 的软件源代码用英文写成。在这样一种现实环境下，英语技能也就成了求职的一个杀手锏。即使是一个普通的求职者，哪怕他的外貌不是那么出众，着装俭朴，但一口流利的英语却能让很多招聘官为之一振，肃然起敬，因为谁都知道，学好英语不容易。一口流利的英语至少表明他（她）是一个有毅力、有韧性的人。

但是，在非英语国家的英语学习中普遍存在一种文化价值上的冲突：学习者是背离本民族文化，去融入英语国家的社会文化准则和价值观念，成为一种"纯正"的英语学者，还是"洋为己（中）用"，旨在培养为自己国家服务的双语双文化的人才。然而，当前中国英语教学的一个误区是，学生只读西方的文本（所谓地道英文文本），如小说、传记、散文、诗歌和各色杂志等，其结果是只接触西方意识，只学会如何表达西方的政治、经济和文化内涵。学生在这样的误导下会慢慢丧失立足于本土文化的不断自我发展的跨文化交际能力，其要害是忽视了用英语来表达自身的人文环境和社会发展的要求。可见，必须转变这一现状，把掌握英语的重点放在表达与自己所处社会环境紧密相关内容的能力上。没有自身的人文内涵的发展，发展中国家的经济起飞可以说是畸形和不健康的，它必然会导致文化身份和传统的丧失。因而，中国要融入国际社会不仅要理解西方（我们已经努力做了近两个世纪），更重要的是让西方更多地了解中国。

众所周知，语言和文化是两个互为相关的统一体，好的英语习得者应该对英语国家文化了如指掌，学习者也必然要经历一系列的认知和情感上的变化，他们常以一种有国际意识的新面貌出现，这一面貌就具有双语、双文化的开放特征。总的说来，英语作为外语对非英语国家是重要的，因为这可使之放眼世界先进的科技和促进其工业的发展。然而，伴随技术和设备而来的是英语国家的管理、行为准则、文化准则和价值观念。它们常常被看作是"陌生的和不可接受的"。的确，第三世界在英美文化信息的单向冲击下，非英语国家的文化处于一种被淹没的境地，因此也就在教育和文化领域施加各种限制以保护其本国的生活方式。

亚洲其他国家和拉美不少国家也在教材编写等方面采取措施以防止西化。例如日本与中国都在英语教学中增加了本国文化传统和价值观的教育,中国还实行了"双纲教学",即加强学生的思想品德和爱国主义教育。其目的很清楚,希望得到一种国际化语言,而又不受英语本族人的文化和价值观的影响太深。事实上,像这样的学习者是带有一种"文化过滤"心理来学英语的,都趋向排斥英语国家的文化标准和价值观。在更深的层次上,非英语国家的人们愿意在符合国内和国际的环境中来学英语,这种不涉及两种文化的英语学习是很难做到的,这就是英语学习中的两难处境。显然,只求习得双语,而不谈两种文化的学习,使学习者背离目标语的文化背景,这种想法与语言的自然习得是相冲突的,也造成学习者个人内心的文化与价值冲突。

要使非英语国家的外语教学变得有效且符合实际,各国教育部门应当注意避免外语教学成为某种优势社会的文化统治工具。但也要避免染上民族优越特征以期摆脱这种文化上的自卑。从实际出发,重心不应放在把本族人的思想和价值作为教学模式,应当注重设计一些文化上中立,非大民族或是优等民族感的,以学生为中心的教材。使之既不趋于母语或本土文化上的沙文主义,或是本民族中心论的狭隘观,也不盲目崇拜目标语文化。这样,非英语国家的外语学习者就可以在自由运用目标语的同时获得一种升华,同时超越本土和目标语文化的狭隘界限。既了解又尊重学习新语言时形成的多元文化现象,与此同时,审视外来的思想准则和价值观念,成为思想开放的双语双文化的新时代人才。

第二节　跨文化教育中的文化冲击

从一个民族地区到另一个语言完全不同的民族地区,特别是到国外去学习、工作或是长期居住,都会经历一个不同程度的文化差异感受的冲击,人们通常称之为文化冲击。它是一种由于生活、语言与文化环境的突然变化,使人们产生的一种复杂的难以名状的感受。从东方国家到西方国家或反之,所感受的文化冲击就更为突出。文化冲击可以定义为一种文化失落与心理失衡现象。如果人们离开自己熟悉的文化、语言与生活环境,来到一个完全陌生的、不同于自己习惯的新环境、新国度,他原来的语言、行为模式、文化习惯和生活常规都被打乱了,甚至变得一无用处,他的感受将是怎样的呢? 在自己的文化社团或国家,人们都处在同一种文化和同一种行为模式之中,可以互相理解、意料对方,就像生活在自己的房子里一样,对情况了如指掌。一旦人们离开这样一个熟悉的环境,进入一个新的文化区,就要面对一个语言行为、思维和习惯完全不同的社会。一个简单的手势可能与他原来习惯理解的意义正好相反。周围人的言行变得那么不易理解,了如指掌的信心消失了,取而代之的是一种茫然失落的感受。大多数有过这种体会的人把这种无能为力的处境描述为"成了捞出水面的鱼"。有些人在国外待了很长时间还说自己"像水中的一块鹅卵石,虽然表面湿了,但仍然是一块石头,决不会成为水的一部分"。所以在国际交流和外语学习中,这种文化冲击的知识是非常有意义的。即使是学习英语的学生来到英语国家,也会有一种连自己都有点莫名其妙的感受及情绪,明显地影响自己的外语习得。这里讨论的目的就是要了解什么是文化冲击,人们有何感受,又如何对待它及研究它的意义。了解了上面的知识,人们来到一个新环境时就能够分析自己的感受,正确地体会文化冲击,把消极的因素变为积极的因素,帮助自己顺利地跨过文化差异造成的障碍,更好地掌握这门外语。人们经历了文化冲击时的感受是多样复杂的,归纳起来还是有一些共同的特点,如文化传统及心理上的失落、焦虑、沮丧、孤独、优柔寡断、闷闷不乐、易怒与思乡情绪陡增等。在这些感受的挤压下,人们会产生一种很强的潜意识的保护心理,对新环境采取一种防范、排斥的态度,常试图保护自己原来的习惯方式。这种防范排斥的态度暗示了与新环境的格格不入。留恋过去的心态对新文化还会产生一种挑剔的眼光;到处感到不合理,稀奇古怪。一般说来文化冲击的心理反应有下面这些症状。

①饮食不对胃口,老想吃到家乡的某一食品,如米饭(东方人)、面包(西方人)。

②与人往来,不知如何应答是好,老想依靠本国来的同胞,同他们往来,了解情况。

③常常莫名其妙地发火,焦虑不安。

④担心受骗或是受到伤害,如遭劫、被盗、发生意外事故等。

⑤常有过敏现象,如神经过敏、皮肤过敏等。

⑥许多人会突然发现自己的外语水平远不尽如人意,甚至感到无法与当地人交流。

⑦急于提高外语水平,但毛病百出,常感到灰心丧气。

当然各人的情况不同会产生许多不同的症状,程度也会因人而异,然而总的经历体会可以划成几个主要阶段。第一阶段:观光阶段。这是一个兴奋期。初到一个国家,人们突然面对一个新奇、充满异国情调的文化环境会感到很兴奋,有一种大开眼界,好奇心得到满足的感受,喜欢去讲外语并努力去寻找两种文化的类似之处。第二阶段:陌生、失落阶段。这时人们慢慢地感到不舒服,饮食不对胃口,与当地人往来不知如何应付。开始发现这个新环境中有许多事情自己难以理解,与本国文化中的情况大不相同。语言不通或是不能很好地应付人和事,经常造成误解,很难解释或是沟通思想与感情,陷于一种无能为力的处境。此时,极想同本国来的人住在一起,思乡心切,看新东西不顺眼的感受互相传染。第三阶段:恢复阶段。对周围的环境、情况和人开始熟悉,生活和学习中开始与当地的同事、朋友谈论自己初来的体会,因而获得大量学习目标语的机会,对新的文化又重新感兴趣,跨文化敏感度增高。第四阶段:基本适应阶段。能大致理解这个新文化社会的运转情况,接受它并开始认同。语言学习迅速提高,与当地朋友、同事交流开始心领神会,有了自如运用目标语的感受,对当地特有的文化现象持开放态度,并极力去理解。

选择改变自己,适应新的环境是一个困难的过程。人们必须思想开放,无所畏惧地去学会新的习惯、新的生活方式、新的语言及表达方式,在新的文化中审视自己。在适应过程初期,人们不得不忘掉自己,放弃自己自然而然学会的母语及其中的种种习惯。这是一种为了获取的必要放弃。它使人们比较迅速地接受新的文化,掌握新的语言。同时新的语言还向人们展示了另一个博大精深的精神世界,使人们更加充实,进一步认识自己。新的语言不仅给人一种新的思维和认识世界的方式,也把人们同新的社会文化、环境联系起来,给人的生命带来新的内容,促使消极的文化感受转向积极的文化感受,文化冲击就会变成一个极有价值,丰富多彩的人生经历。虽然它迫使人们去习惯种种新的方式,但它也给人们打开了自我意识和进一步理解人类社会的大门。它的意义归纳起来有四个大的方面:

①人的精神主要部分是母语及其文化铸成的,其中包括思维方式、行为模式、文化及价值观、心理结构,甚至饮食习惯,要改变这些是痛苦的,但意义重大。

②除了母语和本族文化之外,还有许多别的语言和文化,它们都包含有不同的世界,人可以有种种不同的思维和认识世界的方式。

③跨文化交际是一个人们变化、调整、适应环境的过程。它带来国际间的相互了解,促进思想开放和自我意识,丰富思想和知识。

④文化冲击是一个横的文化切入,极大地促进人们的社会适应能力,开放思想,缩小了世界各民族间的差异和差距。

第四章　跨文化交际下的英汉词语翻译

第一节　英汉词汇的差异

英语词和汉语词的不同首先体现在词的构成上。英文词是由数个字母排列而成的，单个字母对这个单词本身的意义不产生影响。英语中词是由词素（morpheme）组成的，所谓"词素"，是指英语中"具有意义的最小单位"，不能单独运用在句子中。例如，单词"electromotor"，前缀词根"electro-"表示"电的"，"mot"表示"to move"，后缀"-or"表示名词，那么这个单词的意思就是"电动机"。但拆开来看，三个词根都不具备可独立运用的意义。与英语词相对，汉语词则没有内在结构和形态的变化，汉语词由单个的汉字组成，每个汉字对这个词的意义都可能产生影响。这些组成词的汉字称为语素，是可以单独运用在句子中的。例如，"踏青""单行道""护城河"等词语，词义是由组成词的语素意义拼接起来形成的，每个语素"踏""青""单""行""道""河"又有各自独立的意义，可以在句子中独立使用。

除了了解英汉两种语言构词上的区别以外，熟悉掌握词汇的语法分类也是非常重要的。英语词可以分为以下几种词类：名词（noun）、代词（pronoun）、数词（numeral）、形容词（adjective）、动词（verb）、副词（adverb）、冠词（article）、介词（preposition）、连词（conjunction）和感叹词（interjection）。通常，前面六类词语可以作为独立的句子成分，具备实在的词义，如名词可作主语、宾语、表语等，动词可作谓语，形容词常作定语，副词多作状语等，这些词称为实词（notional words）；而介词、连词和感叹词都不能作为独立的句子成分，只有语法意义，称为虚词（form words）。但某个英语词属于哪个词类并不能一概而论，因为在不同的搭配中词所充当的成分是不同的。英语词的另一个重要特征就是一词多义。一个词，其词汇形式不同，如"-ing"和"-ed"形式，词汇的具体意义是不同的。它在某一个句子中充当的成分不同，在该语言环境中的具体含义也是千差万别的。

例如，单词"double"可作形容词，在句子中作定语，表示"双倍的"。

double pay 双倍工资

double ticket 双人票

It will take double the time. 那要花双倍的时间。

可作副词,在句子中作状语,表示"双倍地"。

He was bent double with laughter. 他笑得前仰后合。

可作及物动词或不及物动词,在句中作谓语。

double the number 数字翻番

double the price 价格加倍

double in size 大小翻倍

double for sb. 做某演员的替身

The actor doubled as the king in Act Ⅲ. 这位演员在第三幕兼饰国王一角。

也可作名词,在句中作主语、宾语等。

The double of sb. 跟某人一模一样的人

play doubles 双打

May I have a double(room)please? 我可以要一个双人间吗?

汉语词的分类和英语基本一致,但一词多义的现象相比英语少很多。因此,在开始动手翻译英语单词之前,心中一定要清楚每一个词的词性是什么、在句中充当什么成分,这样才能在具体语境中找到单词最贴切的释义,而不是在字典上随意找一个释义来拼凑翻译。

第二节 词的翻译策略

"语词"是指词或词组等独立的可以自由运用的最小的语言单位,也是语篇翻译中的基本单位。对词语的理解不深,或一知半解,或粗心大意,必然造成误译或错译,进而影响整个句子、段落和整篇文章的理解。

翻译过程中,无论是英译汉还是汉译英,先遇到的也正是语词的理解和翻译。由于英汉两种语言在词汇方面存在较大差异,原文词义的辨析和译语用词的表达就成了英汉、汉英翻译的基本问题,也是影响译文质量的一个关键环节。

词义的理解是否得当,除对英汉语言的本身修养外,还涉及有关专业知识和文化背景知识。对于初学翻译的人来说,切忌望"词"生义,不求甚解,尤其是遇到一些常用的多义词时,除了在日常阅读时多加注意,翻译中更应勤查字典和有关工具书。

在英译汉中,选择和确定词义通常从以下几个方面着手。

一、从词的语法分析来理解

对初学翻译的人来说,准确的理解往往离不开语法分析。语法分析主要从构词法、词性、涉指关系来分析词在句中充当的成分。

（一）从词的构词束分析

词的形貌结构体现了词的自身含义，因此分析词的构成有助于弄懂词义，获得词的基本含义，从而为译入语的选词提供必要的参考依据。

此外，名词的单复数不同，其词义可能全然不同。例如：

force 力量——forces 军队

green 绿色——greens 青菜，蔬菜

finding 发现，探索——findings 研究成果，调查结果

work 工作——works 工厂，著作

damage 损失，损害——damages 赔偿金

air 空气——airs 装腔作势，做作

（二）根据词性判断词义

英语中一个词可以分别属于几种不同的词性。词性不同，词义也有所不同。正确判断词性对理解词语的意义起着决定性的作用。例如，"Workers can fish. "此句中的"can""fish"分别被看成是助动词和动词时，此句应译为"工人们能够捕鱼"；当它们分别被看作谓语动词和名词时，此句就变成了"工人们把鱼制成罐头食品"。下面再举几例加以说明。

例1 Your account of what happened is not right。（形容词）

译文：你对发生的事情的叙述不太正确。

例2 Go right on until you reach the end of the street. （副词）

译文：一直朝前走，直到你到达街道的尽头为止。

例3 I have the right to know the truth about the matter. （名词）

译文：我有权利知道这件事的真相。

例4 I hope your troubles will soon right themselves. （动词）

译文：我希望你的困境很快就能扭转过来。

（三）从涉指关系来分析

涉指关系指词在上下文中的照应关系，包括人称照应、指示照应和比较照应等。人称照应包括人称代词的各个格，代用词 one，指示代词 such 和不定代词 some、any、each、both 等以及一些限定词 much、many、few、little 等。指示照应包括名词性指示词 this、that、these、those，以及副词性指示词 here、there、now、then 等。比较照应指有关涉及词的比较级形容词和副词。

例1 It may he possible to build faster ships, but scientists believe that they couldn't travel as fast as light. So they would still have long journeys ahead of them. （人称照应）

译文：虽有可能造出速度更快的飞船，但科学家相信这种飞船的速度不会达到光速，因此科学家还面临着漫长的探索道路。

例 2　Health is above wealth, for this cannot give so much happiness as that. （指示照应）

译文：健康比财富更重要，因为财富不能像健康那样给人以幸福。

例 3　I hate blue shirt; white suits me but grey is the most preferable. （比较照应）

译文：我讨厌穿蓝衬衫，喜欢穿白衬衫，而最喜欢穿灰衬衫。

（四）从句子成分来分析

一个词语在句中充当的成分不同，意义也不相同。特别是当某些词语，从形式上看，既可用作这一成分，又可用作另一成分时，必须根据上下文和全句的意思做出准确的判断，否则就会产生理解错误。

例 1　The inventor began his scientific career as a chemistry teacher. （介词短语用作状语修饰动词 began）

译文：这位发明家从化学老师开始了他的科学生涯。

例 2　His first act as an engineer was to labour in the workshop. （介词短语用作定语修饰名词 act）

译文：他当了工程师后的第一个行动是下车间劳动。

例 3　A successful scientist rejects authority as the sole basis for truth. （介词短语用作宾语 authority 的补足语）

译文：有成就的科学家总是拒绝把权威当作真理的唯一基础。

例 4　I wrote four books in the first three years, a record never touched before.

（画线部分为评价性质的附加语，对主句作补充说明，不能理解为 wrote 的宾语）

译文：我在头三年里写了四本书，打破了以往的纪录。

二、根据上下文和逻辑关系来确定词义

一般，一个孤立的英语单词，其词义是不明确的。句中的词从其所处语法语义关系及其与其他词的指涉关系中获得词义，即当其处于特定的关系中时，它的词义将受到毗邻词的制约而稳定明确。这里的上下文包括词的搭配、一般意义和专业意义、词的文化背景知识、上下文提示、有关虚词的关联作用、逻辑关系等。因此，根据上下文和逻辑关系判定词义都是词义辨析中非常重要的方法。

例 1　You should check your answers again and again before you hand in your paper.

译文：你交卷之前应当反复核对答案。

例 2　I haven't checked my luggage yet.

译文：我的行李还未寄存。

例 3　A change of wind checked the fire.

译文：风向改变抑住了火势。

例 4　Have you checked the examination papers yet, sir?

译文：你改完试卷没有，先生？

例 5　Mr. Robert did not check in until yesterday.

译文:罗伯特先生直到昨天才签到。

例 6 The woman guest has checked out of the room before 12 O'clock.

译文:那位女房客已经在 12 点之前结账离开了房间。

从词的一般意义和专业意义来理解。

例 7 I will give you all the help within my power.

译文:我会尽力帮助你的。

此例为常用生活用语,power 一词根据句中的情境,词义发生转变,此处翻译为"尽力"。

三、根据词的搭配

词的搭配指词与词之间的一种横向组合关系。英汉两种语言在长期使用过程中各自形成了一些固定的词组或常见的搭配,这些搭配有时可以逐字译成另一种语言,有时则不行。造成英汉词语搭配差异的因素有三种:词在各自语言中使用范围大小不同;词在各自语言中引申意义有所不同;词在各自语言中上下文的搭配分工不同。因此,翻译时应注意英汉两种语言中词的搭配差异,在译语中选择恰当的语言来表达。

首先,要注意定语和修饰语的搭配关系。

例 1 open

an open book 一本打开的书

an open question 一个悬而未决的问题

an open river 一条畅通无阻的河流

open wires 裸线

open speech 开幕词

in the open air 在露天

例 2 soft

soft pillow 软枕

soft cushion 靠垫

soft music 轻柔的音乐

soft breeze 和风

soft fire 文火

soft drink 不含酒精的饮料

soft heart 慈心

例 3 红

红糖 brown sugar

红茶 black tea

红运 good luck

红榜 honour roll

红豆 love pea

红颜 a beautiful girl

例 4　场

足球场 football field

网球场 tennis court

高尔夫球场 golf course

溜冰场 skating rink

例 5　杯

咖啡杯 coffee cup

啤酒杯 beer mug

葡萄酒杯 wine glass

其次,要注意搭配分工。例如,动词与宾语的搭配。

例 6　play

play chess 下棋

play football 踢球

play truant 逃学

play high 豪赌

play the piano 弹钢琴

play fire 玩火

play the flute 吹笛子

play with dice 掷骰子

play the hero 扮演英雄

play the fool 扮丑角

例 7　develop

developing(developed) countries 发展中(发达)国家

develop a model 建立一个模型

develop a base 开辟一个基地

develop tourism 发展旅游业

develop natural resources 开发自然资源

例 8　做

做衣服 make clothes

做文章 write an essay

做生意 do business

做证 give witness

做人 conduct oneself

做官 be an official

此外,动物的叫声在英汉语言中都有各自的表达法。汉语里描述动物的叫声用得最多的是动词"叫",但英语中动物的拟声词十分丰富,各种动物的叫声都有自己的表达法。翻译时,如果不加区别地使用,就会出现搭配错误。例如,狗叫——dogs bark,蜜蜂嗡嗡叫——

bees buzz，绵羊咩咩叫——sheep bleat，小鸡吱吱叫——chickens peep，鸭子呱呱叫——ducks quack。

四、注意词的语用色彩

注意词的语用色彩即注意词义的运用范围、轻重缓急、褒贬色彩、语体色彩和政治含义。任何语言都有语体之分，有文雅，有通俗，有粗野，还有俚语、公文语及术语等。因此，为了忠实于原文的思想内容，翻译时应正确理解原作者的基本政治立场和观点，在译语中选用适当的语言手段加以表达。

（一）词义的运用范围及其侧重点

翻译时应准确理解词的意义。比如，country 表示国家的地理范畴，nation 体现在共同的地域和政府下的全民概括，land 给人以国土或家园之感，state 指国家的政治实体，power 表示国家的实力。又如，look、glance、stare、gaze、eye 和 peep 都表示"看"，但各个词的使用范围却有所不同。look 是词义范围比较广泛且比较通俗常用的词，泛指"看"这个动作；glance 是"一瞥"（a short, quick look）；peep 表示"偷看，窥视"（a secret glance）；gaze 表示"凝视，注视"（a long, steady look, often caused by surprise or admiration）；stare 表示"盯着看，目不转睛地看"（a very surprised look or a very ill-mannered gaze）；eye 表示"注视，察看"（watch carefully）。

再如，offender、criminal 和 culprit 都有"罪犯"的意义，但其侧重点却有所差异。offender 指任何违反法律的人，不一定受法律的制裁，如 a juvenile offender（少年犯）、an old offender（惯犯）；criminal 指严重犯法的人，理应受到法律的制裁，如 a war criminal（战犯）、a habitual criminal（惯犯）；culprit 指已被起诉的犯下罪行的人。

（二）词义的轻重缓急

表示"笑"的词语有很多，如"laugh"是指"大笑"，"chuckle"是指"轻声地笑"，"smile"是指"微笑"，"guffaw"是指"放声大笑、狂笑"，"giggle"是指"傻笑"，"jeer"是指"嘲笑"，"smirk"是指"得意地笑"，grin 是指"露齿一笑"。

表示"哭"的词语也有很多，如"weep"是指"哭泣"，"tear"是指"含泪的"，"sob"是指"呜咽"，"yammer"是指"哭诉"，"howling"是指"哭哭啼啼的"，"cry"是指"大哭"。

例 1　我国的进出口贸易总额有了较大幅度的增长。

译文：There has been a sharp increase in the total volume of imports and exports.

［分析］"sharp increase"是"激增"的意思，可改译"big increase"。

例 2　我们必须广泛利用现代科学技术的新成就。

译文：We must utilize the results of modern science and technology on a wide scale.

［分析］"成就"译为"results"，太轻了，可改译"achievements"。

（三）词义的褒贬和语体等感情色彩

词语的感情色彩取决于该词在交际情景中的使用情况,反映了作者运用某一词语时所赋予它的或肯定或否定或尊敬或诅咒或古朴典雅或庄严肃穆或诙谐幽默等意义。例如,"ambition"一词的词义既可作褒义,又可作贬义,完全取决于它在句中所含的潜在态度。

例 1　It is the height of my ambition to serve the country.

译文:报效祖国是我最大的志向。

例 2　We have no ambition for that distinction.

译文:我们并不奢望得到这个荣誉。

例 3　That politician is full of ambition.

译文:那个政客野心勃勃。

例 4　Her ambition is unbounded.

译文:她欲壑难平。

例 5　Now some of the young men in our society are without ambition.

译文:现在社会上有些年轻人胸无大志。

例 6　She writes in an ambitious style.

译文:她的文风矫揉造作。

例 7　The president has announced his ambitious program to modernize the country in fifteen years.

译文:总统宣布了一项规模宏大的计划——在 15 年内实现国家的现代化。

在所指事物相同的情况下,一组同义词中的各个词可以分别用于不同的文体中,有的适用于一般文体,有的适用于正式文体,有的适用于非正式文体。因此,翻译时应注意词的文体特征。

第三节　虚词的翻译

英语词分为实词和虚词,汉语词也有同样的分类。实词指有实在意义的词,表示事情、事物、感情、观点等;虚词则不表示具体的概念。英语中的虚词包括冠词(articles),代词(pronouns)、连接词(conjunctives)和介词(prepositions)。由于没有实际的意义,翻译英语虚词的时候需要根据具体的语境和搭配决定如何将其译成中文。

一、冠词的翻译

冠词是虚词的一种,没有独立的意义,只能依附在名词之前,包括不定冠词"a/an"和定冠词"the"。与汉语不同,英语冠词的存在非常广泛,含义也很丰富。不定冠词"a/an"与数词"one"同源,表示"一个";定冠词"the"与"this"和"that"意思接近,表示"这个或那个",只是指示程度比较弱。一般说来,不定冠词泛指某个事物或人,定冠词特指一个或几个事物或人。而汉语的名词前面是没有冠词的,名词本身也没有明确泛指或者特指的概念。因此,在英汉翻译的时候,要根据具体的语言环境决定如何处理名词前面的冠词。

You should take the medicine three times a day. 这个药每天吃三次。

You'd better take some medicine. 你最好吃点药。

Pass me the salt. 把盐递给我。

Please give me some salt. 请给我点儿盐。

另外,英语的专有名词、抽象名词和物质名词前一般不加冠词。但需要注意以下情况中加冠词和不加冠词之间意义的区别。

Do you like the music? 你喜欢这音乐吗?

I have a passion for music. 我酷爱音乐。

He took the advice immediately. 他立刻接受了这个意见。

Good advice is beyond price. 好意见是无价宝。

在英汉翻译中,英语冠词的翻译一般涉及如下情况。

(一)冠词的省译

由于不定冠词后面所跟的名词通常是前文没有出现过的事物或者人,一般来说,省译的相对较少;而定冠词后面的名词大多数是之前出现过的,很多时候被省略了。

例1　A man came out of the room.

译文:一名男子从屋里走出来。

汉语名词本身没有指示单复数的作用,因此需要用数量词表示出来。上面这个句子中的"a man"翻译成了"一名男子",应当是前文中没有提到过的人物或者讲话参与者所不知道的人,因此不定冠词是翻译出来的。"the room"表示大家都知道的房间,所以定冠词"the"就省略了。也有一些情况是省略不定冠词的。

例2　I haven't got a thing to wear.

译文:我没有衣服可穿。

原文中的不定冠词"a"没有翻译出来,直接与前面的"haven't got"融合,译为"没有衣服"。

(二)冠词的翻译

英语的冠词在一些情况下是必须翻译出来的。

例1　He died on a Monday.

译文:他是在一个星期一去世的。

这个句子中的"a"表示"某个",并不是所有星期一中的随意一个,而是说话者不确定死者去世的时间具体是什么时候,用"a Monday"表示一个比较模糊的时间概念。如果省略了

"a",变成了"他是在星期一去世的",意思就和原句相去甚远了。

例 2 The news made her all the sadder.

译文:这消息让她更加悲伤。

定冠词"the"用在"all"与形容词比较级之间,表示"更加……",因此在译文中这个定冠词是与其搭配词的语义融合在一起的;而"the news"当中的定冠词表示"她"当时所听到的那一则特定的消息,所以在译文中翻译为"这",表示强调。

二、代词的翻译

代词就是代替名词的词,可以分为人称代词(personal pronouns)、物主代词(possessive pronouns)、自身代词(self pronouns)、相互代词(reciprocal pronouns)、指示代词(demonstrative pronouns)、疑问代词(interrogative pronouns)、连接代词(conjunctive pronouns)、关系代词(relative pronouns)、不定代词(indefinite pronouns)等。代词在句子当中起着名词的作用,也可以作为主语、宾语、表语、同位语等。英汉两种语言相比较而言,代词的用法有相似之处,也有不同的地方。汉语代词一般包括人称代词、指示代词和疑问代词,而英语代词多了名词性代词(mine, his, hers, ours, yours, theirs, its)、关系代词(that, which, when, where, who, etc.)和连接代词等。英语中使用代词的频率更高,指代关系比汉语更加明确,而汉语则倾向于重复人名或称谓,避免指代关系上的混乱。因此,在英译汉的时候,一定要弄清楚英文代词的指代关系,翻译出的汉语要适当减少代词的使用,使译文读起来更流畅、更符合汉语行文的习惯。另外,英汉翻译中,只要不影响读者理解指代关系,代词都应当省略不译。有时,为了让汉语读者明白原文中的指示关系,还需要将代词还原为所指代的名词。

例 1 Harmony is about seven meters long and about four meters wide. It will be a passageway between the laboratories and the rest of the space station.

译文:和谐号船舱约 7 米长、4 米宽,将会成为空间站实验室和其余部分之间的过道。

这个例子当中,"It"指代的是前文出现过的"Harmony",由于前后两个句子的主语都是一样的,所以合并为一个句子翻译出来,更利于读者阅读和理解。

例 2 Russia strongly opposes NATO membership for Lithuania, Latvia and Estonia. A Defense Ministry spokesman reportedly said the entry of these countries would threaten Russia's security interest. He says Russia will take extra security measures if they join the alliance. NATO will consider their membership next year.

译文:俄罗斯强烈反对立陶宛、拉脱维亚、爱沙尼亚加入北约。俄国防部发言人称这三个国家的加入将会威胁俄罗斯的国家安全,并称如果这三国加入北约,俄罗斯将采取额外的安全措施。北约将于明年考虑是否同意这三个国家加入。

上面这个例子中的代词"He"指的是"A Defense Ministry spokesman"而非"Russia",所以在翻译的时候不再译为代词"他",避免造成读者理解上的困难,直接用"并称",承接前一个分句的主语"俄国防部发言人",表示是同一个人的言论。后面的代词"they"和"their"显然都是指立陶宛、拉脱维亚、爱沙尼亚,因此翻译时有必要说明是"这三个国家"。

三、连词的翻译

连词主要在句子当中起连接作用,连接词与词或者分句与分句。英语连词包括从属连词(subordinating conjunctions)和并列连词(coordinating conjunctions)。从属连词引导从句,如"that""which""when""where""if"等。并列连词连接两个并列的词、短语或分句,包括"and""or""but"等。

例　If teacher, parents and psychologists understand the mistakes that can be made in ascribing a meaning to life, and provided they do not make the same mistakes themselves, we can be confident that children who lack social feeling will eventually develop a better sense of their own capacities and of the opportunities in life.

译文:假如老师、父母和心理学家理解孩子们在对生活意义认识方面可能犯下的错误,假如这些人自己不犯同样的错误,我们就会有信心:缺乏社交情感的孩子最终会对自己的能力以及生活中的机会具有更佳的判断能力。

与英语不同,汉语是一种意合性语言,很多地方的连词是省略了的,如"你、我、他",而形合性语言的英文就必须说成"he, you and me",这个 and 是不可省略的连接词。从上面这段英文的译文,我们也可以体会出汉语意合的一些特征。

译文中只出现了两个连词,原文所有的从属连词全部融入整个句子的意思中了。由于汉语的意合性,汉语的词和词之间、词组之间与句子之间常常没有明显的连词,而是靠人们约定俗成的语言内在逻辑串联起来的,连接得非常灵活。我们常说的"尽在不言中""言下之意"或"不言自明"便是汉语这个特征的最好写照。而英语的形合性决定了英语行文的结构严密、语法规范。英语连词是虚词的一种,其语法功能远远大过其实际意义。所以,在英译汉的时候,一定要注意英汉之间形合和意合的差别;在翻译连词时,可根据具体的语境选择省译、增补、转译等方法。

(一)连词的省译

通过连词的省译,译文的意合性增强。

例1　Do you want your coffee with or without sugar?

译文:您的咖啡要不要加糖?

例2　I can't come today or tomorrow.

译文:我今明两天都不能来。

这两个句子当中的"or"在翻译当中都被省略了,直接意合为"要不要""今明两天"。

(二)连词的增补和转译

英语连词的翻译难度不大,但是译文要符合汉语的语言习惯和行文规范,有时候会涉及英语连词的增补和转译。这需要译者对原文的深层逻辑关系有准确的把握。

例1　He went and lost my pen!

译文:他居然把我的钢笔弄丢了!

这个句子中的"and"没有实际的连接意义,只是用"go"之后表示说话者的惊讶或愤怒。因此,在译文当中,我们完全找不到类似"和""且"等表示连接的字或者词。

例 2 We got there nice and early.

译文:我们早早就到了那里。

同样,这个句子中的"and"在翻译时也意合到了整个语境中,译为"早早就"。

四、介词的翻译

英语当中的介词用法繁多,所起的作用也各不相同。一般来说,介词按结构可分为简单介词(simple prepositions),如"about""up""during"等;合成介词(compound prepositions),如"alongside""inside""throughout"等;带"-ing"词尾的介词(-ing prepositions),如"barring""following""including"等;短语介词(phrasal prepositions),如"according to""on behalf of""together with"等。如果按照意思分类,介词又可分为:引导时间短语的介词,如"at""on""till"等;引导地点短语的介词,如"in""between""among"等;引导其他短语的介词,如"with""in spite of""owing to"等。不管如何分类,所有的介词都没有独立的意思,也不能在句子中作为独立的成分存在,只能与名词、代词、动名词、另一个介词、副词或形容词等以介词短语的形式在句中充当成分。

英汉翻译当中,介词的翻译也是非常灵活的,经常会根据具体语境处理为汉语的动词,也可译成汉语的介词、定语、状语,或采用成语转译,甚至省译。

例 1 She is out of work.

译文:她失业了。

例 2 The old man is familiar with the town.

译文:那位老人对这个镇很熟悉。

例 3 The house next to ours was burnt down last week.

译文:我家旁边的房子上周烧毁了。

例 4 At last he went back on foot.

译文:最终他还是走回去了。

例 5 What are the major differences between British English and American English?

译文:英式英语和美式英语有什么主要的区别?

例 6 He fell for her at first sight.

译文:他对她一见钟情。

第五章　中西方委婉语的差异与翻译

第一节　委婉语的特征与应用

何谓委婉语？当人们不愿意说出禁忌的名物或动作，而又不得不指明这种名物或动作时，就用动听的词语来代替，用隐喻来暗示，用曲折的表达来提示。这些好听的、代用的或暗示性的词语，就是委婉语。委婉语具有较好的表达效果，在修辞上也叫作"婉曲"和"避讳"。英语委婉语（euphemism）源自希腊语，词头"eu-"的意思是"good（好）"，词干"-pheme"的意思是"speech（言语）"，整个字面意思是"words of good omen（吉言）"或"good speech（优雅动听的说法）"。因此英汉语对委婉语的定义基本上是一致的。也就是说，人们在交际过程中，根据会话礼貌原则，常用含蓄、温和、文雅、婉转、无刺激性的语言代替生硬、直率、粗俗、恐惧、带刺激性的语言，帮助谈话者克服交际过程中的心理障碍，淡化或排除各种令人不愉快的联想。委婉语可以说是人们交际活动中的一种"润滑剂"，如果没有委婉语，世界的运转会因摩擦而停止，人们会充满仇怨。委婉语是人们交往过程中为谋求理想的交际效果而创造的一种有效的语言形式。

一、委婉语的语用功能

英汉语中的委婉语涉及社会生活的方方面面，从不同的角度反映了人们认可的行为准则、社会习俗、思维模式、审美情趣、价值观念和道德标准等。从其在交际过程中的作用而言，委婉语的语用功能主要表现在以下几个方面。

（一）避免忌讳

世界上任何一种文化、任何一个社会中都存在着语言禁忌（linguistic taboo），语言禁忌和其他某些在特定场合中不宜使用的词语一样，与委婉语有着必然的联系。人们普遍认为，在某些交际场合中回避禁忌语是衡量交际对象文明修养的尺度,体现社会进步的象征,这是委婉语得以广泛应用的原因所在。只是由于东西方人们的文化观念、生活习俗的不同,所回避禁忌的具体词语有所不同罢了。

在一般禁忌语中,最典型的莫过于对"死亡"现象的禁忌。人的生老病死本是不可抗拒的自然规律,然而东西方各民族都对"死"的说法予以回避禁忌,因为"死亡"是一种不幸、一种灾祸,人们把"死"字隐去,有时是为了怀念死者,有时是为了赞美死者,有时只是为了避免重提这个可怕神秘的字眼。因此出现了大量的委婉语,在英汉语中多达一百余种委婉说法。如:

to go to sleep 长眠

to be no more 没了,不在了

to close one's eyes 闭眼,合眼

to lay down one's life 献身,捐躯

to expire 逝世

to pass away 去世,永别,与世长辞

to end one's day 寿终,谢世

to breathe one's last 咽气,断气

to go west 归西天

to pay the debt of nature 了结尘缘

to depart from his life 离开人世,撒手人寰

to go to one's last home 回老家

to rest in peace 安息

to go to heaven 升天,仙逝,进天堂

to be called to God 去见上帝

中华民族经历了漫长的封建社会,封建等级观念年深日久、根深蒂固,帝王将相之死与黎民百姓之死所使用的婉词也不相同。如帝王之死称"崩殂""驾崩""山陵崩""弃天下"等;诸侯之死称"薨";大夫之死称"卒";士之死称"不禄";将士之死称"阵亡""捐躯""牺牲"等;佛家之死称"圆寂""坐化";道家之死称"跨鹤西游";百姓之死称"过世""作古""千古"等;老者死亡称"寿终""谢世";少年死亡称"夭折";中年死亡称"早逝";女子弃世称"玉陨香消";等等。由此可以看出,从死亡者的社会地位到年龄、职业、性别,生者与死者的关系,生者对死者的态度等无一不体现在死亡的委婉语中。因此在翻译过程中,要注意人与人之间的这种"社会差距",选择适当的委婉词语。例如:

忽见东府里几个人,慌慌张张跑来,说:"老爷宾天了!"众人听了,吓了一大跳,忙都说:"好好的并无疾病,怎么就没了!"家人说:"老爷天天修炼,定是功成圆满,升仙去了。"(《红楼梦》)

... some servants from the Eastern Mansion came rushing up frantically. "The old master's ascended to Heaven!" they announced. Everybody was consternated. "He wasn't even ill, how could he pass away so suddenly?" they exclaimed. The servants explained, "His Lordship took elixirs every day; now he must have achieved his aim and become an immortal."

处在封建时代(当今亦然),达官贵人或有较高社会地位的人物去世是不能用"死"字的。《红楼梦》中东府的主人贾敬死了,他的仆人称"宾天",他的家人说他"升仙"去了,而西府的仆人称"没了",既反映了死者的社会地位,也反映了生者对死者的情感态度。译者分别采用在语义和感情色彩上相应的"ascend to Heaven""become an immortal"和"pass away"三个词语进行翻译,十分妥帖。

另外,死者灵柩停放及安息长眠的地方一般常用 mortuary(殡仪馆)、cemetery(公墓、墓地)、graveyard(墓地、坟地)等词来表达。然而有些英美人却不太愿意用这些字眼,认为这听上去太令人伤感,会使人觉得活着的人似乎太冷漠无情,竟将自己的亲人尸骨弃置于如此寒冷潮湿、阴森恐怖的地方。近年来不少人已开始用 funeral home 和 memorial park 这样的委婉语,home 和 park 等词所含的"温暖亲切""舒适宁静"的情感是不言而喻的,颇能给生者特别是至亲好友以情感的宽慰。

(二)避免粗俗

人们在与朋友、同事、亲属的日常交往中或在比较正式的场合发表演讲、讨论问题的过程中,当涉及有关两性行为、生殖排泄或身体某些隐秘部位时,总是尽量避免使用粗言俗语,而使用含蓄或中性词语构成的委婉语替代,以免交际双方不必为此感到窘迫。

在英美和我国,性教育、计划生育的宣传已不是什么新鲜事儿,朋友、同事、邻里和熟人之间谈论这类问题已属正常。在广播、电视的专题节目中,也常由专家、学者作为嘉宾主持这类节目的讨论并回答听众、观众提出的问题。但这并不等于说可以不加选择地使用与 sex 有关的任何词语,除了采用部分医学术语外,通常用 make love, make it, sleep together 这样的委婉语表示 have sexual intercourse,更不会使用人们最忌讳的那些由四个字母组成的粗俗露骨的词语(four-letter words)。

英语中的"pregnant"和汉语中的"怀孕"均与 sex(性)有着必然的联系,因此,人们也往往用委婉的方式来表达这一概念。然而由于社会习俗和语言表达习惯的不同,委婉语采用的形象却有着较大的差别。汉语中表示怀孕的委婉语,如:有喜、怀喜、有了、有身、身重、身怀六甲、梦兰等。比较英语中的几个委婉表达法:

to be in a delicate condition(妇女怀孕,的确是处于"碰不起的状态")

to spoil a woman's shape("破坏了女子的体形",语义含蓄而富于形象)

a lady-in-waiting("处于等待中的妇女",怀孕妇女总是在迫切地等待着小生命的出世)

be in a family way(怀孕妇女因体形不雅而"随意打扮、不拘礼节")

eating for two(怀孕妇女为两人吃饭,吃双份饭)

"to wear the apron high"这一委婉语出自一首小诗:"Once I wore my apron low; Now I wear my apron high. Love, oh love, oh careless love! See what love has done to me.(以前我围裙系得低,如今我围裙高高系。唉,爱呀爱,粗心的爱,看爱情给我带来的喜!)

"厕所"和"上厕所"是日常生活中的常用语,在英汉语中也都有多种委婉说法。其中"lavatory"等于"厕所",是最正规的说法。"latrine"是指成沟形或坑形的"公共厕所"。但人们常用"Ladies'(room)""Men's(Room)""Gents"指称"女厕所""男厕所";"bathroom"和"toilet"相当于汉语里的"盥洗室",常用来代替厕所的说法;"WC(Water closet)"是指有抽水马桶的盥洗室,是欧洲人对厕所最普遍的委婉说法。相比较而言,女厕所的表达方式是最委婉的了,如"dressing room"(更衣室)、"powder room"(化妆室)、"lounge"(休息室)、"washroom"(盥洗室)。至于"上厕所"也有多种委婉的说法。在与人交谈时可说:"May I please be excused?""May I go to the bathroom please?"或"May I please leave the room?"在朋友家里或单位里可说:"May I use the facilities?"或"What is the geography of the house?"在比较随便的朋友或熟人家里,也可用比较幽默的说法:"I'm going to do my business."或"I'm going to my private office."翻译时可根据具体场合和不同的交谈对象,选用汉语中相应的委婉词语进行翻译,如:去解手、去方便一下、去办公、请稍等片刻,等等。

(三)表示礼貌和尊敬

委婉语与"敬词"和"谦词"有着密不可分的关系。在交际过程中,交际双方一般都遵守合作礼貌原则,使用一些表示客气、谦恭的委婉语或所谓"软化语气词",不怕造成"语义冗余现象",以使交际活动在语气温和、气氛愉悦的环境中进行,这是委婉语重要的语用功能之一。

在汉语中,当交际双方的地位、年龄、声望等相差悬殊时,或平辈、平级的同事、朋友,乃至企业事业单位之间,为了表示谦恭,说话一方通常会使用大量的谦词来称呼自己,而用敬词表示对对方的尊敬,谦词和敬词是汉语委婉语的重要形式。例如,称对方的意见为"高见",称自己的看法为"愚见";称别人的著作为"大作",称自己的著作为"拙作";称别人的儿子、女儿为"令郎""令爱""千金"等,称自己的儿子、女儿为"犬子""小女";称别人的妻子为"尊夫人",称自己的妻子为"内人""贱内";称别人的家为"府""尊府",称自己的家为"寒舍";称自己为"小弟""敝人",称年长些的同辈为"尊兄""世兄";在旧时官场上,下级会称自己是"奴才""下官""小人",称上级为"老爷""大爷",现通称为"领导",凡此等等,不一而足,这是中华民族礼仪文化的特色之一。英语中有与His, Her或Your连用的"Highness, Majesty, Lordship, Ladyship, Excellency, Honour"以及"humble, honourable"等词表示谦恭、尊敬之意,翻译时汉语的谦词和敬词通常可直译为英语的对应词语。如:

例1 贾珍感谢不尽,说:"待服满,亲带小犬到府叩谢。"于是作别。(《红楼梦》)

译文:Chia Chen thanked him warmly and promised, "When the mourmng is over I shall bring my worthless son to your honourable mansion to kowtow his thanks." And so they parted.

例2 "昔小王曾蹈此辙,想令郎亦未必不如是也。若令郎在家难以用功,不妨常到寒邸……"(《红楼梦》)

译文:"...I went astray in this way myself and suspect your honourable son may do the same. If he finds it difficult to study at home, he is very welcome to come as often as he like to my humble house …"

英语中用委婉词语表示尊敬,乃至崇敬的语气不乏其例。例如,林肯总统在葛底斯堡用深沉迟缓的语调所作的著名演讲中使用了语义含蓄的委婉词语。

例 3　We have come to dedicate a portion of that field as a final resting place for those who here gave their lives that that nation might live. (Abraham Lincoln, *Gettysburg Address*)

译文:我们今天到此集会,是为了将这一战场的一部分奉献给那些为国捐躯的烈士们,作为他们最后的安息之地。

句中林肯总统用的"final resting place(安息之地)"是"坟场、墓地"的委婉语,"gave their lives(捐躯)"是"牺牲、战死、阵亡"的委婉语,这两个委婉语饱含着林肯对阵亡将士的崇高敬意和深情缅怀。

又如在《在马克思墓前的演说》一文中,恩格斯写道:

例 4　"On the 14th of March, at a quarter to three in the afternoon, the greatest living thinker ceased to think. He had been left alone for scarcely two minutes, and when we came back we found him in his armchair, peacefully gone to sleep—but forever."

译文:3 月 14 日下午两点三刻,最伟大的思想家停止了思考。让他一个人留在房里总共不过两分钟,等我们再进去的时候,便发现他在安乐椅上安静地睡着了——但已经是永远地睡着了。

句中"ceased to think"和"gone to sleep-but forever"都是表示"died(死亡)"一词的委婉语。恩格斯用这两个委婉语,充分表达了对马克思无比热爱、崇敬和深切怀念的战友深情。

在汉语文化中,由于受"满招损,谦受益"的民族心理影响,人们在日常交际中常使用谦词表示对对方的礼貌与尊敬,特别是在古代出言谦逊更是蔚然成风。但在与西方人交往时,他们难以理解汉民族的这种近乎"虚伪"的谦虚心理,况且英语中也不存在相对应的谦词,因此如"敝姓王"只好说成"My name is Wang","贱内"只能译成"my wife",这种年深日久的文化差异所造成的语言差别一时是无法消除的。

二、委婉语的语义特征与应用

委婉语通常采用比喻、借代、迂回、缩略或谐音喻指等修辞手法表达生活中那些使人尴尬、惹人不快、招人厌恶或令人恐惧的事物和行为。善于委婉,发乎于诚而形于言,这是语言美、心灵美、修养高的表现,因此委婉语在语义表达上具有明显的特征。

(一)褒义性特征

众所周知,委婉的目的主要是向人们提及那些不愿或不宜直接提及的事物或行为,言词应当尽量赏心悦目、避俗趋雅、美中好听,利于有声思维,引发美好联想,因此词语的褒义性是委婉语的首要特征。

英美社会中的职业委婉语就是一个十分明显的例证。这些职业委婉语大多通过美化、模仿、拔高的手法使一些"卑微低下"的职业升等升级,使其名称悦耳动听、令人羡慕。

engineer(工程师)一般是指受过专门教育或技术训练的技术人员,于是各行各业竞相效仿,给某些职业名称也冠以 engineer 的美称。如:

garbage eollector(垃圾清运工)——sanitation engineer(环卫工程师)

plumber(管道工、水暖工)——heating engineer(供暖工程师)

salesman(售货员)——sales engineer(销售工程师、销售师)

mechanic(机修工、修理工)——automobile engineer(汽车工程师)

dry cleaner(干洗工)——dry cleaning engineer(干洗工程师、干洗师)

医生在西方社会历来是最受人尊敬的三大职业之一,physician(医师、医生)是众人仰慕的美称,于是附庸风雅者心驰神往,不少职业名称依法效尤,出现了一大批以"-ician"结尾的职业雅称。如:

undertaker(殡仪员、殡葬工)——mortician(丧葬医师、丧葬师)

hairdresser(女理发师)——beautician(美容师)

shoemaker(鞋匠)——shoetrician(鞋靴专家)

用"高雅"的拉丁语后缀"-or"取代具有"土气"的本族词尾"-er",从视觉和听觉上拔高某些职称的地位和身价。如:

welder(电焊工)——weldor(电焊师)

foreman(工头、领班)——supervisor(领导)

wild animal trainer(驯兽员)——wild animal trainor(驯兽师)

teacher(教师)——professor(资深教师、教授)

pressman(印刷工)——press operator(新闻工作者)

通过以上一些方法,人们对那些所谓"低人一等"的工作就可能免呼其名,自我介绍时就不会自卑尴尬,谈及他人时也会显得文明有礼,减少了不必要的刺激,从而提高人际交往的效果。

(二)含蓄性特征

在任何一个民族的语言中,都有禁忌语和委婉语,前者为直接指称语,后者为间接指称语,两者异形同指,而语义密切相关。直接指称语明指表述对象,而间接指称语则需通过中介语喻指表述对象,这就规定了委婉语的语义间接性特征,因此含蓄、婉曲的间接性指称表述对象是委婉语的重要特征。如:

例 1 "我们也知道艰难的,但俗话说的:'瘦死的骆驼比马还大'呢……"(《红楼梦》)

译文:"I know what difficulties are. But 'A starved camel is bigger than a horse.'"

这是刘姥姥去贾府借钱时对凤姐说的一句话。刘姥姥用一句俗语含蓄地表达:"像贾府这样的富贵人家,再穷也比穷人家要富得多,借一点小钱总还是有的。"她针对凤姐的推辞,把贾府比作"瘦死的骆驼",把穷人比作"马",用这个比喻间接地否定凤姐的托词。

例 2 She dropped the garment; and confused, numb, stepped forth in the altogether.

(J. Galsworthy, *The White Monkey*, Part Ⅱ)

译文：她扔下衣服，心慌意乱，赤条条木然地走向前来。

句中"the altogether"作名词用时是指"全体、整体"，在此意指"the naked body（赤身裸体、一丝不挂）"，起含蓄间接的指称作用。

例3 In a few moments the "madam", as the current word characterized this type of women, appeared. (T. Dreiser, *The Financier*)

译文：不一会儿，那位"夫人"——这是目下对这类女人的流行称呼——出现了。

句中的"madam"的本义是"夫人、太太、女士"，在本句中却是"鸨母、妓院老板娘"的委婉别称，所以用引号标出。

（三）形象性特征

委婉语的间接性来自委婉词语的形象性。委婉词语大多采用比喻、借代等修辞手法来表述事物、行为或状态的本义，委婉词语中喻体的形象决定了词语委婉的程度，语义的显露和隐曲，能产生语言含蓄、生动形象和幽默风趣的修辞效果。如：

例1 After three days in Japan, the spinal column becomes extrordinaryly flexible.

译文：在日本待上三天，脊梁骨变得特别灵活。

日本人在与人见面或打招呼时，习惯于点头哈腰，句中用"脊梁骨变得特别灵活"喻指日本民族的这一礼仪习俗，风趣而幽默，生动而形象。

例2 Very different was the feeling he had bestowed on that son of his "under the rose." (J. Galsworthy, *Caravan*)

译文：他对他那个"私生的"儿子的感情却是迥然不同的。

英语中婚生子女称为"sons or daughters by marriage"；玫瑰是爱情的象征，由此不难理解"a son under the rose"的含义。

例3 ……迟了一会，宝玉才把梦中之事细说与袭人听。说到云雨私情，羞得袭人掩面伏身而笑。（《红楼梦》）

译文："It's a long story," answered Pao-yu, then told her his dream in full, concluding with his initiation by discenchantment into the "sport of cloud and rain." Hsi-jen, hearing this, covered her face and doubled up in a fit of giggles.

"云雨"一词出于《唐高赋》，传说楚怀王曾游高唐，梦与巫山神女相会，神女临去时说自己"且为朝云，暮为行雨"，后世特别是古典小说中用以喻指男女合欢之爱。云、雨乃自然之物，云变雨，雨中水分蒸发后又变云，云雨相连，故句中婉词"云雨私情"实指"男欢女爱"之事，其喻体形象婉曲含蓄，但联想自然贴切。

（四）民族性特征

英国民俗学家马林诺夫斯基说过："语言深深植根于社会生活之中，不了解语言的社会文化背景就无法理解这种语言的确切含义。"世界上每一个民族在漫长的演变发展过程中都形成了各具特色的民族文化，在民族文化历史积淀的根基上，形成了各自的生活习俗、思维模式、宗教信仰和民族心理。这些文化观念的差异，必然会反映在语言的形式上，一委婉语作为一种"文化限定词"，无一例外地打上了民族性特征的印记。如：

例1 Fallen Asleep, Not Dead but Sleeping, Asleep in Jesus. (a common child's epitaph in the 19th century)

译文：已入睡了，不是死去，只是安睡在耶稣的怀抱里。（19 世纪常见的夭折儿童的墓志铭）

例2 老祖宗看看，谁不是你老人家的儿女？难道将来只有宝兄弟顶你老人家上五台山不成？那些东西只留给他！（《红楼梦》）

译文：Look, aren't all of us your children? Is Pao-yu the only one who'll carry you as animmortal on his head to Mount Wutai, that you keep everything for him?

这两个例句中的委婉语都表达"死"的概念，西方人信基督教，所以用"安睡在耶稣的怀抱里"表达；佛教在中国历史上有着广泛的影响，五台山是佛教的圣地，一个教徒上五台山，常喻指教徒修炼成佛、仙逝升天。由此可以看出中西民族文化背景不同，尽管喻义一样，但所用的委婉语各不相同。再如：

例3 "……看凤姑娘仗着老太太这样的厉害，如今'焦了尾巴梢子了'了，只剩了一个姐儿，只怕也要现世现报呢？"（《红楼梦》）

译文："Hsi-feng was so ruthless when she had the old lady's backing that now she's died sonless, leaving only one daughter. She's suffering for her sins!"

句中"焦了尾巴梢子"，即"断子绝孙"的委婉说法。在汉民族的传统文化观念中，"不孝有三，无后为大"，断子绝孙是对祖宗的最大不孝，因此要受到"现世报应"。但大多数西方人无此传统观念，由于民族心理的差异，对"died sonless"这个委婉语的文化含义不一定能理解，因此译文中应作必要的解释或添加注释，以使英美读者对"焦了尾巴梢子"的文化内涵有所了解。

第二节　英汉委婉语的对比与跨文化翻译

作为一种极为普遍的语言现象，许多中外语言学者从各种角度对委婉语进行过研究。美国语言学家 Menken 在他的 *The American Language* 一书中探讨了数百个英语委婉语的形成和发展；艾伦和布瑞之 1991 年在他们的著作 *Euphemism and Dysphemism* 中从语用学的角度对委婉语进行了研究。其他一些语言学家如 Hugh Rawson，Neaman 和 Silver 等编著了一些较为详尽的委婉语词典。20 世纪 70 至 80 年代，中国学者陈原、束定芳、伍铁平、吴松初等从修辞学、语义学、社会语言学和语用学等角度对委婉语进行了全面的研究；90 年代，一批学者如李国南、蔡魁、戴聪腾等着重从英汉对比的角度对委婉语的形成、特征和功能进行了比较深入的研究。

在宏观上，英汉委婉语都通过语音、词汇、修辞、语法和语用方式等手段得以表达，在各个语言层面上有相似之处，又有各具特色的表达形式。

一、英汉委婉语的差异对比

（一）相同点

1. 从语音角度讲

两种语言都采用避音和谐音的方式达到委婉的目的。避音是指在交际中故意避开某些让人引起不快联想的音。如一个讲英语的人在黑人面前尽量不说"niggard"一词，因为它听起来像对黑人有歧视的称呼"nigger"；在汉语中人们避讳说"送钟"，因为听起来像"送终"，而且也避讳用带"4"的数字而喜欢用带"8"的数字，是因为"4"听起来不吉利，和"死"同音，而"8"听起来则很吉祥，和"发"同音。这种对数字的禁忌和喜好使得电信部门为了将带"4"的电话号码推销出去而不得不为顾客提供许多优惠条件，相反以"8"结尾的号码则是"皇帝的女儿不愁嫁"，抬高价格出售仍很抢手。

谐音主要用于替代发音相同或相近的字词以达到委婉的目的。如英语中"cell"（单人牢房）被称为"a flower dell"（鲜花盛开的小山谷）；"whore"（妓女）被称为"two-by-four"（二乘四），"piss"（小便）叫作"whiz"（嗖嗖作响）。

2. 从词汇角度讲

两者都运用模糊语和外来词来表达委婉的效果，模糊语的使用能使由禁忌语带来的不愉快变得模糊，或扩大某些词的外延使语义含混不清而达到委婉的效果。如英语指一个女人未婚先孕为"She has an accident"（她出了意外），汉语中用"我出去一下"指代"我上厕所"，都是很含混的表达方式，但都达到了委婉的目的。同时英汉两种语言都分别用指示代词 this，that，it，和这"这""那""这个""那个"来模糊指代要委婉表达的事物或语义。

英汉两种语言也都借用外来词形成委婉语。因为一般情况下，人们对外语要比对自己本民族的语言陌生些，使用外来语会给人一种距离感和模糊性。如英语用法语词"brassiere"指代"women's underwear"（胸罩），用拉丁语词"perspire"指代"sweat"（出汗），汉语的外来词通常来自英语，如"WC"被用来指代"厕所"，"bye-bye"用来表示"分手"或"离婚"。

3. 从修辞角度讲

英汉两种语言都采用借代、隐喻、拟人、类比、降格陈述法等修辞方式来达到委婉的效果。

借代指借用与某种事物或现象密切相关的字词来代替人们忌讳提及的字词，从而获得委婉的效果。正如英语中用"He is fond of the bottle"来表示"He is fond of wine"，用"sleep"

代替"have sex with somebody",汉语也用"贪杯"来代表"爱喝酒",用"睡觉"替代"与人发生性关系"。

隐喻是根据禁忌事物或现象的特点,将其描绘成具有相同特点又可以接受的事物或现象,以达到委婉的目的。如英语"cherry"(樱桃)代替"hymen"(处女膜),"forget-me-not"(勿忘我)代替"condom"(避孕套),"go to sleep forever"(永远沉睡)代替"die"(死亡);汉语则用"长眠"指代"死亡",用"三只手"指代"小偷"。

拟人手法可以起到婉转幽默的作用,如英语的"Big Harry"用来指"海洛因","friends""visitor""aunt""cousins""little sister""painters and Cardinal"指代女人的生理期(menstruation)。

类比是在两个并列的具有部分相似性和一致性的事物之间进行比较的修辞手段。通常利用这种手段来描述社会地位低微的职业,使许多受人歧视的职业因此变得体面多了。如英语中的清洁工是"sanitation engineer"(卫生工程师),打字员是"secretary"(秘书),屠户成了"meat technologist"(肉类技术专家);汉语中"自由职业者"代替了"无业人员",理发店被叫作"发廊","理发师"成了"美容师"或"发型设计师"。

降格陈述法是用明抑实扬、言轻意重的含蓄说法来表达令人不快的事物或现象。如英语中"the needy"(需要帮助的人)指"the poor"(穷人),"plain"(相貌平平)指代"ugly"(丑陋),"slow"(慢)指代"stupid"(迟钝);汉语中"多喝了几杯"其实是指"喝醉了",说"脑子不太灵光"实指"智力有缺陷",说某人"气色不好"实际是说"身体有病"。

4. 从语法角度讲

英汉两种语言中都利用否定句、人称代词、省略句和反问句来形成委婉的表达。否定句可以使表达更为含蓄,增强委婉的效果。例如"I don't think you are wise"比"I think you are stupid"更委婉。英语通常在 think, believe, expect, feel 等词前面加上 not 形成否定句型。同样,在汉语中通常用"不多"代替"少",用"不好"代替"差"来达到委婉含蓄的效果。

人称代词的灵活换用在英汉两种语言中都能达到委婉的目的。第一人称复数常代替第二人称单数或复数。例如医生对病人说"How do we feel today"时语气要比说"How do you feel today"更委婉亲切些,汉语中老师对学生说"我们要努力学习"要比对学生说"你们要努力学习"更为婉转。同时,第一人称复数常代替第一人称单数。如一个做报告的人可以用"我们认为"(We think)来更为委婉地表达自己的观点,而汉语还常用第二人称复数代替第二人称单数,如父母告诫自己的孩子"你们涉世还不深,不要轻易相信别人的话"。

省略句是英汉两种语言形成委婉效果很好的方式,即通过省略让人听起来不舒服的话而达到委婉的效果。英语"She is expecting"(她怀孕了)省略了宾语"a baby",显得更为含蓄一些,"Someone is out"(有人失业了)是"Someone is out of work"的省略形式;同样,汉语中的"她有了"也是"她有身孕了"的省略形式。

5. 从语用角度讲

委婉语主要来自间接言语行为。通过这种间接言语行为构成委婉的方式在英语和汉语中并无二致。如果一个人对另一个人说"Stuffy here in this room"（屋子里真闷!）并不是想告诉他"屋子里闷"这一事实,有可能暗示他"Would you please open the window?"（你能否把窗户打开?）或是"Would you go out for a walk?"（到外面走走好吗?）等。

（二）不同点

1. 从语音角度看

英汉语言都有各具特色的构成委婉的方式。英语运用重音、字母拼写、音节或字母的重复和音节扭曲构成委婉,如"laboratory"的重音原来在第一个音节上,同"lavatory"（厕所）的读音相近,为了避免不愉快的联想,就把重读向后移动一个音节。"He is s-t-u-p-i-d"中"stupid"只被拼出字母而未被读出整个发音,从而达到委婉的意图;"piss"（小便）通过音节和字母的重复用"pee-pee"代替;"Christ"扭曲变异为"Cripes/Crikey","damn"变异为"dam"。

汉语中有一些常见的且发音相同的词语。由于历史、社会、文化等因素,人们相互送礼时忌讳送"伞"（即"分离"）,"送钟"（即"送终"）;吃梨时不愿"分梨"（即"分离"或"离开"）;不愿意用数字"四"（即"死"）。中国人喜爱数字"八"（即"发财"）和"六"（即"顺"）。汉语常用"发福"来表达"人老了""或"身体发胖"。

2. 从词形来看

英语运用缩略语、逆拼法（自后向前拼写,有时将单词第一个辅音字母移至词尾与元音字母组合构成音节）、截短法（将禁忌词斩头去尾）、首字母异拼法（将禁忌词首字母按发音拼写出来）、首字母组合法（将禁忌词首字母抽出来拼在一起）、合词法（两个或两个以上单词合拼为一个委婉语）等方式形成委婉,如"ladies' room"缩略为"ladie";"belly"被逆拼为"elly-bay","cunt"被逆拼为"unt-cay";"lavatory"被截短为"lav","damn"被异拼为"dee/D","Examine your zipper"（把裤子拉链拉上）被首字母组合"E. Y. Z."代替。

英语是拼音文字,所以英语通过拼写形式的变异,可避开原来的语言符号来达到委婉的目的。而汉语是方块文字,无拼音手段,但可以发挥部首字形的优势来到达委婉的目的。因此汉语通过拆字法获得委婉的表达方式,如味道"自大一点"是指味道"臭",少不得"言身寸"是说少不得"谢";同时汉语也用换字法和符号替换法来达到委婉的目的,如"扯蛋"换成"扯淡";贾平凹在《废都》中所使用的省略号"……",就是用来替代书中删除的有关性描写的片段,以此达到含蓄和避讳的作用。

3. 从词汇角度看

英语中常将一些不雅的事物或现象推到其他国家人的身上,出现了一些有趣的词汇,如"condom"（安全套）称为"French（Spanish, Italian, American）letter"。

汉语则利用反义词构成委婉,独具特色。为了避讳一些禁忌语,中国人用一些反义词取而代之,如"走火"称为"走水","火灾"称为"火祥","监狱"称为"福堂"或"福舍"等。

4. 从修辞角度看

汉语具有英语所不具有的特色。在做一些消极评论时,汉语常用一些歇后语缓和过于直白的表达,达到委婉的目的,而英语中就没有此现象。例如:"给你说了多少次了,你还是外甥打灯笼——照舅(旧)""看来你们都是猪八戒的脊梁——无能之背(辈)!"

5. 从语法角度看

英语可以通过时态和语态构成委婉的表达方式,而汉语则利用虚词表达委婉的语气。英语常用过去时态来表达委婉,因为过去时使事物拉开了与现实的距离,达到了模糊和委婉客气的效果,如用"I wanted to"替代"I want to","I wandered"替代"I wander",语气会更婉转些;现在完成时的使用也可以达到委婉的目的,如"She has been known to have been a pavement princess"要比"She is known to have been a pavement princess"更委婉些;虚拟语气的使用使说话人的口气变得婉转含蓄,不伤人的面子,如"I wish I could go with you"(但愿我能和你一起去)意思是"I can't go with you"(我不能和你同去了),"You should have come earlier"(你应该早点来)意思是"You came rather late"(你来晚了)。

汉语虽没有时态和语态,但汉语中一些意义比较模糊但表达语气较灵活的副词或语气词往往被用来构成委婉的句式,这类词有"恐怕""可能""大概""也许""姑且""吧""呢"等,用在句子中可以形成缓和商量的口气。如"天晚了,我们还是回去吧。""这样处理事情恐怕不好吧?"

二、英汉委婉语的功能对比

交际的言语表达要有可接受性、认同性和得体性。在交际中,为了达到预期的交际目的和效果,就离不开含蓄、礼貌和得体的委婉语。英汉委婉语虽然在表达形式上有很大差异,但在交际中所体现的功能却是基本一致的,大体可以分为避讳求吉功能、避俗求雅功能、礼貌功能和掩饰功能。

(一)避讳求吉功能

避讳主要是避讳禁忌语。禁忌语英文为 taboo,该词源自波利尼西亚群岛的汤加语(Tongan)。当地的习俗严格禁止人们接触神圣或卑贱的东西,而且还禁止谈论这些事物,taboo 所指的就是这种现象。禁忌语的范围很广,生活中说了让人感到不吉利的话都属于禁忌语。委婉语产生于禁忌语。无论是英语还是汉语,都避免提及生老病死等不吉利的话。

(二)避俗求雅功能

生活中总是有一些诸如分泌、排泄、怀孕等生理现象,有关性的身体部位及行为等让人难以启齿但又每天都要遇到和提及的事物和状况。因此不论是说英语的人还是说汉语的人,都要想方设法创造出各种得体的委婉语取而代之,以显得文雅不粗俗。英汉语言都有相当多的委婉表达,而且不同的人有不同的委婉方式。如英语中男人上厕所称为"go to restroom"，女人上厕所称为"powder one's nose"，大人上厕所称为"go to W. C."，孩子上厕所称为"make number one"；汉语中男人上厕所称为"解手"或"放水"，女人上厕所称为"去洗手"或"去化妆"。对于性生活，英语用"make love""make it""sleep together"等来指代；汉语则用"房事""云雨""睡觉"等来指代。

（三）礼貌功能

在语言交际中礼貌必不可少，委婉语的使用能让人感到以礼相待，互相尊重，是建立良好的人际关系的基础。英汉两种语言都采用模糊语、回避法或商量的语气来达到贬义褒说、以轻言重的委婉礼貌的目的。对别人做出评价时，尤其对于别人的弱点，常常要进行模糊和美化处理。老板解雇员工时为了照顾员工的面子，英语说"discontinue his service"（终止他的服务），汉语说"重组掉了"。对于不赞同的观点，英汉语言都会用回避方式进行模糊处理。如英语谈话中：

A：Mrs. X is an old bag.

B：The weather has been quite delightful, hasn't it?

B 采用回避的方式，既保留了自己的看法，又继续了交谈，保全了 A 的面子。

汉语中有人被问到对某事的意见时，也会以"我再考虑考虑"的说法搪塞一下，实际是表示否定的态度。

（四）掩饰功能

英汉语的掩饰功能主要体现在政治和社会问题方面。这些涉及政治及社会问题方面的委婉语有一个共同的功能，即词语的使用脱离或美化了事实。英语中有大量的运用在政治方面和社会问题方面的委婉语，如"conflict"（冲突）实指"war"（战争），"the peace keeper"（和平维护者）实指"missile"（导弹），"close air support"（密切空中支援）实指"bombing raids"（轰炸袭击），同时贫民窟"slum"被称为"substandard housing"（低标准住宅），把"bankrupt"（破产）说成"out of the game"（输了），把染上性病"get sexual disease"称为"Frenchified"（法国化了的）。汉语中也有一些，如"失业"称为"下岗"，含性激素的药称为"春药"，小偷称为"梁上君子"等。

三、委婉语的跨文化翻译

（一）表达生老、分泌、疾病、死亡等方面的委婉语

英汉两种语言在谈到诸如分泌、排泄、怀孕、疾病、死亡等生理现象，有关性的身体部位及行为时，都使用委婉语进行替代，以达到文雅和礼貌的目的。这是符合人本身所具有的耻辱感这一基本心理因素和状态的。因为无论是中国人还是西方人，只要是人都有羞耻之心，对自身不洁不雅的生理现象和隐秘的生理反应都有回避的态度，否则在谈话中直接表达会让交谈双方都感到尴尬难堪，或导致不愉快的发生而影响人与人的正常交往。

1. 表示"老"的委婉语

在英美国家人越老越不受重视,因而忌讳说老,常用委婉语"senior citizens"代替"elderly people",用"advanced in age""elderly"代替"old"。年龄大说"past one's prime""reach one's golden age""feel one's age"等。而汉语则正好相反,尊老爱幼是中华民族的传统美德,常用"您老""他老人家""张老""老王""老朋友"等表示尊敬,无须用委婉语。

2. 表示"方便"的委婉语

英汉语中有些禁忌语是一致的。在公开场合忌讳说大小便,汉语中用"方便一下",英语中用"go to somewhere""to wash one's hand""to relieve oneself"等委婉语代替。例如:

He is out visiting the necessary.

他出去方便一下。(即他去厕所)

Where is the nearest convenience?

附近哪儿有可以方便的地方吗?

(二)表示"疾病"的委婉语

美国人常把"cancer"称为"the big"或"terminally ill",身体不佳说成"under the weather","constipation"(便秘)说成"irregularity","stroke"(中风)说成"accident"。有些社会性疾病(包括花柳病之类)则可以用"social disease"来概括。例如:

Jane was in a bad way and asked for two days' leave.

简的身体不舒服,请了两天假。

(三)表示"侮辱"的委婉语

中英两国对婚前或婚外性行为都持否定态度。但随着社会的发展和人们思想的进一步解放,已被一些人逐渐认可和接受,这一点在"affair"(桃色事件)"trial love"(试婚)中都有所体现。英美人谈及"私生子"一词时不用"bastard",而说成"love child"。因为前者除有"私生子"的意思之外,还有"杂种"的含义;而后者不含歧视、侮辱的意味,体现了人们对私生子一视同仁的态度。这几年,中国人用"婚外恋""外遇""情人"等委婉语取代了过去难以启齿的"偷情"等词语。

中国自古以来就是尊师重教的典范。我们常把老师称作"园丁",称学生为"小树苗",纠正他们的错误叫"修枝打杈",对他们的培育是"浇水施肥",学生是国家未来的"栋梁",在提倡素质教育的今天得到了升华和扩展。现在学校里早就听不到"朽木不可雕""榆木脑袋""没出息"等挖苦、侮辱学生的话语,取而代之的是"下次努力""如果好好学,你会更棒"等鼓励的语句。

(四)表示"人体缺陷"的委婉语

用"plain"(平平、一般)来代替"ugly",用"heavy-set""heavy-side""outsize""fullfigure"和"stout"代替"fat"（肥胖）。如表示女人长得太瘦用"slender"（苗条的）代替"skinny"，用"physically handicapped"代替"crippled"，用"Down's syndrome"（唐氏综合征）或"a Down's baby"（一个患唐氏综合征的婴儿）代替"mongolism"（先天愚型）或"a Mongol baby"（一个先天愚型的婴儿）。

（五）表示"上帝、鬼神"的委婉语

英语在涉及上帝和鬼神时使用委婉语来替代，而汉语则不避讳，直接提及这些话题。英语国家的文化深受宗教尤其是基督教的影响，上帝和鬼神都是他们的禁忌，人们不愿直呼God 或 devil，怕对上帝和鬼神不敬、冒犯了他们会招致灾难和麻烦，因此创造了大量相关的委婉语。据统计，英语中有关 devil 的委婉语就有上千个之多，如"the Black One""Old boy""the Big D"，有关上帝的称谓有"the Creator""the Maker""the Supreme""Our Father"等。而汉语文化当中却无此禁忌，大多数人也不信仰基督教。谈到鬼神，人们更是直言不讳，并引申来用，如"你真是个妖精！""你这鬼东西！""扮个鬼脸给我看看！"等。

（六）表示"贫穷"的委婉语

西方世界强调个人奋斗，拥有财富是个人价值的体现、成功的标志，因此人们害怕贫穷，官方也利用各种委婉语进行极力地掩饰。如穷人被称为"the needy""the underprivileged""the disadvantaged"等。而中国传统文化注重仁义而轻名利，崇尚"人穷志不短"，视"金钱如粪土"。这种思想影响了人们对于钱的戏称和对有钱人的不屑，如称钱为"票子""子儿"，称有钱人为"大款""爆发户""土豪"等，因此贫穷的委婉语很少。

（七）表达政治、军事、社会等方面的委婉语

英语在政治、军事、社会等方面的委婉语使用量较大，而汉语的使用量则较少。英美国家的政治权利往往会与利益挂钩。汉语在这方面几乎没有委婉语，因为中国政府是为人民谋福利的，同时在国际事务中中国始终贯彻独立自主的和平外交政策，无须掩饰什么或利用委婉语来美化自己的形象。

1. 政治方面的委婉语

美国前总统里根竞选时向公众许诺要"cut taxes"（减税）。但当他就任总统后，为了填补巨大的财政赤字，不得不准许"revenue enhancement"（扩充财源以增加收入），避免谈"tax increases"（增税）。

美国官方不喜欢"politician"（政治贩、政客、精明圆滑的人）一词，他们以"statesman"自居，认为自己是"政治家""国务活动家"。

2. 国际事务和国际关系方面的委婉语

国际事务和国际关系方面的语言也是经过再三推敲后才使用的。亚洲和非洲的许多国家过去被认为是"backward"（落后的），后来是"poor"（贫穷的）和"poorest"（较贫穷的），再

后来是"underdeveloped"（不发达的），现在又是"developing"（发展中的）。"developing"正在"失宠"，有被"emerging"（新兴的）一词代替的倾向。而联合国的正式文本则称这些国家是"less-developed countries"（欠发达国家），把世界上最贫穷的一些国家称为"least developed countries"（最不发达国家）。

3. 军事、战争方面的委婉语

用"pacification"指"镇压或消灭敌对势力"，即"war"的委婉语。美国在战争时，把"airattack"（空袭）美化为"logistical strike"（后勤攻击）或"close air support"（密集支援），把屠杀叫作"wasting the enemy"（消耗敌人）。美国人把入侵（invasion）别国城市称作"a rescue mission"（营救使命），把对他国的空袭称作"surgical strike"（外科手术性攻击）。

里根把美国洲际导弹中威力极大的导弹命名为"peacekeeper"（和平保卫者），把轰炸"bombing raids"称为"defensive measures"。美国官方用"exfiltration"（偷偷越过封锁线）和"redevelopment"（重新开发/建设）来代替"withdraw"（撤出军队）和"retreat"（撤退）等。

（八）社会和社会事务方面的委婉语

随着社会的发展，许多职业或工作不再叫"jobs"，而称作"professions"，用"administrative assistant"（行政助手）代替"secretary"（秘书），"garbage collector"或"garbage man"（清洁工、垃圾清洁工）被尊称为"sanitary engineer"，"hairdresser"（理发师）被称为"beautician"，"cook"（厨师）被称为"chef"（烹饪大师）。

最能说明问题的是火化场的焚尸工，他们从"undertaker"到"mortician"，又变成了"funeral director"，现在又别出心裁地称为"funeral service practitioner"。另外，"author"比"writer"要动听，"educator"比"teacher"要显得高贵些。英语中的"poor"一词也逐渐被"needy""disadvantaged""under-privileged""deprived""negatively"等代替，这是因为说别人贫穷容易得罪人，说自己贫穷而被人瞧不起。

（九）教育方面的委婉语

美国教育心理学上有一个相当流行的术语，就是"self-fulfilling prophecy"，意思是学生的学习效果随着教师的语言、态度而变化。这就要求教师在评价学生时要用"积极用语"来代替"消极用语"。因此，教师对学生的评价要用委婉语，这样做听起来更温和、体面，而且不伤害学生的自尊心。例如在谈到某个学生的学习成绩差时，教师避免用 poor, bad 等词，而说"He is working at his own level". 当想说一个学生比较迟钝或笨时，不用 slow 或 stupid 等词，而说"can do better work with help"（有别人帮助可以学得更好些）。说一个学生较懒惰时，不用"lazy"而用"underachiever"（未能充分发挥潜力的学生）。老师也常常利用委婉的策略来对学生进行批评教育，如：

He has difficulty distinguishing between imaginary and factual information. (He lies.)

He needs help in learning to adhere to rules and standards of fair play. (He cheats.)

He needs help in learning to respect the property rights of others. (He steals.)

　　这些委婉的说法，既让学生和家长理解其意，又让他们有面子，两全其美，比直接的批评更容易被学生家长接受。

（十）商业、广告等方面的委婉语

　　商业、广告中的委婉语也很多，例如在当今世界，联合企业规模宏大，商界竭尽全力避免使用"small"。请看下面的广告：

　　Sensational New；THERMAL TEAPOT；Family Size；Limited Quantity £1.69。

　　此处"Limited Quantity"（数量有限）意即"small quantity"，推销商为了加快其产品推销，吸引更多的顾客，使用"limited"（有限的）一词造成数量有限的印象，使出售物显得更宝贵、更值钱，因而更有吸引力。这既提高了产品的身价，又加快了产品的周转速度。

　　如果说某物"cheap"，便给人以质量低劣、式样陈旧的感觉，因此"cheap"一词已经失去了利用价值。取而代之的是"economical"（经济实惠的），"budget"（价格低），"low-cost"（花费少的）等。"Pre-owned car"代替了"used car"（二手车），电视台以"message"（公告）代替了"commercial"（广播、电视里的广告节目）。

第六章　互文性与翻译

互文性(intertextuality)或曰文本间性或互文本性,最早由法国符号学家、女权主义批评家朱丽娅·克里斯蒂娃(Julia Kristeva)于 1969 年在其著作《语言中的欲望:文艺研究的符号学方法》(*Desire in Language*: *A Serniotic Approach to Literature and Art*)中提出:"任何文本的外形都是用马赛克般的引文镶嵌起来的图案,任何文本都是对其他文本的吸收和转化。"换言之,任何文本都不是独立存在的,都能不同程度地从中辨认出其他文本的痕迹。每一个文本都是其他文本的镜子,文本之间相互吸收与转化,相互参照,彼此牵连,形成一个潜力无限的开放网络,以此构成文本过去、现在、将来的巨大开放体系和文学符号学的演变过程。克氏的互文性理论旨在强调文本与文本之间的相互指涉、感应、接触、渗透、转移等作用。广义的互文性除了指文本之间的关系外,还可指文本内的互文关系以及文本与某一文化的关系。互文性作为文本的一种潜在存在物必须通过读者的阅读和阐释才能激活和实现。具体来说,互文关系"可以在文本的写作过程中通过明引、暗引、拼贴、模仿、重写、戏仿、改编、套用等互文写作手法来建立,也可以在文本的阅读过程中通过读者的主观联想、研究者的实证研究和互文分析等互文阅读方法来建立"。英汉文学作品中广泛地存在着互文关系。例如,汉语文学传统中"东篱""凭栏""雨中思念"等意象贯穿古往今来的作品;英语中来自希腊神话、《圣经》、莎士比亚戏剧等作品中的典故遍布西方作家的作品。培养互文性阅读能力是透彻理解一部作品的基本要求。

互文性关系不仅存在于原作之中,在翻译过程中由于译者的创造性发挥,译文可能会生成新的互文关系。例如,中国国际旅行社的广告"在家靠自己,出国靠国旅"被译成"At home you are your own boss. In China your Aladdin's lamp is at CITS"。该译文用了英语受众熟悉的典故——阿拉伯民间故事集《天方夜谭》中关于阿拉丁神灯(Aladdin's lamp)的故事:阿拉丁在魔法师的引导下得到了神奇的油灯和魔指环,这两件宝物能帮他实现愿望。又如,张培基翻译李大钊的名篇《今》的题名时,参考美国诗人郎费罗《人生颂》中的名句"Act, act in the living present",将《今》译作 *The Living Present*。再如,丰华瞻将书名《王若飞在狱中》译成 *Iron, Bars But Not a Cage*,则是借用了英国诗人洛弗莱斯的诗歌 *To Althea from Prison* 中的诗句 Nor iron barsa cage。文学作品中互文性的翻译首先要敏锐地把握互文关系,然后选择适当的翻译方法,如增词、还原、注释等。

第一节　翻译实践与比较

一个文本的意义并非全部都是作者的独创,其中有很多都是前人或同时代人创造的产物。某一文本从文本之中抽取的语义成分总是超越此文本而指向其他前文本。而这些前文本把当下文本的话语置于与它们不可分割地联系着的更大的社会历史宏观文本之中,构成了错综复杂的互文关系网络。下面 10 个例子涉及各种互文关系。请找出其中的互文关系,然后译成中文或英文,并说明所用翻译策略与方法。

1. Without thinking highly either of men or of matrimony, marriage had always been her object; it was the only honorable provision for well-educated young women of small fortune ....

2. "This is a most unfortunate affair; and will probably be much talked of-But we must stem the tide of malice, and pour into the wounded bosoms of each other the balm of sisterly consolation. "

3. But I thought she was rather so. When she tossed up his two half-crowns like a goblin pieman, caught them dropped them in her pocket, and gave it a loud slap.

4. "Go on, my dear Siri. You are not unknown here, you are not unappreciated. Though 'remote', we are neither 'unfriended' 'melancholy', nor (I may add) 'slow'. Go on, my dear Sir, in your Eagle coursel the inhabitants of Port Middlebay may at least aspire to watch it, with delight, with entertainment, with instruction!"

5. I sat looking at Peggotty for some time, in a reverie on this supposititious case: whether, if she were empoyed to lose me like the boy in the fairy tale, I should be able to track my way home again by the buttons she would shed.

6. "Well then," cried Miss Mowcher, "I'll consent to live. Now, ducky, ducky, ducky, come to Mrs. Bond and be killed. "

7. Often did l wish to forsake the life of the vermilion door and return to the simple home life of fishermen and wood cutters, helping my husband and teaching my children and wearing cotton skirts.

8. 七零八落的新简旧信,漫无规则地充塞在书架上,抽屉里,有的回过,有的未回,"只在此山中,云深不知处",要找到你决心要回的那一封,耗费的时间和精力,往往数倍于回信本身。

9. 东篱把酒黄昏后,有暗香盈袖。

10. 怒发冲冠,凭栏处,潇潇雨歇。

第二节　文化个案分析

本章"翻译实践"中的 10 个例子出自各种英汉文学文本。这些例子又与其他的前文本或者非源语的文化语境发生联系,构成了极为丰富的互文关系。下面对原文所涉互文关系进行简略探讨。

一、it was … for well-educated young women of small fortune

原文出自英国女作家简·奥斯汀的代表作《傲慢与偏见》,描写卢卡斯夫人担心其女儿卢卡斯小姐的婚事。小说中的柯林斯牧师,虽然相貌丑陋,但在卢卡斯夫妇眼里却是比较中意的女婿。原文说的是,卢卡斯小姐虽然对男人和婚姻都不抱太大的希望,但还是觉得虽然自己家境不好,但受过相当的教育,结婚可以提高自己的社会地位。这句话使我们联想到爱尔兰作家高尔斯密(Oliver Goldsmith)的《威克菲牧师传》(*The Vicar of Wake field*)。小说中的普利罗斯夫人(Mrs. Primrose)时时刻刻都在梦想将自己的女儿们嫁给有钱的大亨,这情节与卢卡斯夫人当时的心境极为相似。此例隐含的是《傲慢与偏见》与同一语言文化语境(当时爱尔兰属于英国)中前文本《威克菲牧师传》之间的互文关系。

二、pour … the balm of sisterly consolation

原文来自简·奥斯汀的《傲慢与偏见》,其中的"最为不幸的事情"(a most unfortunate affair)指班纳特先生(Mr. Bennet)的小女儿莉迪雅(Lydia)与军官威克姆(Wickham)私奔,从而使班纳特家蒙羞。原文中的"pour into the wounded bosoms of each other the balm of sisterly consolation"使人联想到《圣经·旧约》之《耶利米书》(*Jeremiah*)第 51 章中相似的句子"Babylon will suddenly fall and be broken. Wail over her! Get balm for her pain; perhaps she can be healed"(巴比伦忽然倾覆毁坏,要为她哀号。为止她的疼痛,拿乳香或者可以治好)。此例包含的是《傲慢与偏见》与《圣经》之间的互文关系。

三、she tossed up … caught them

原文出自英国作家狄更斯的代表作《大卫·科波菲尔》,其中的情景描述"她把两个半克朗抛起、抓住"(she tossed up his two half-crowns. …caught them),这并非一种随意的描写,而是当时英国下层人民的一种习惯:下层人民拿到硬币之后,往往把钱往空中一抛,一试真假。狄更斯在他的《马丁·瞿述伟》第 13 章里说:"提格先生拿到这枚硬币,把它扔在空里,以确定其真假,如卖糕点者之所为。"(Mr. Tigg caught it, looked at it to assure himself of its goodness, spun it in the air after the manner of a pieman, and buttoned it up）他的《荒凉山庄》（*Bleak House*）第 26 章也有类似的描写。此例告诉我们,同一作者的不同作品之间可能存在互文关系。

四、remote, unfriended, melancholy, slow

原文出自狄更斯的《大卫·科波菲尔》,引号内的"remote""unfriended""melancholy""slow"出自 18 世纪爱尔兰作家高尔斯密的《远游》（*The Traveller*）第一行"Remote, unfriended, melancholy, slow"。该诗第一节如下:

Remote, unfriended, melancholy, slow,

Or by the lazy Scheld, or wandering Po;

Or onward, where the rude Carinthian boor?

Against the houseless stranger shuts the door;

Or where Campania's plain forsaken lies,

A weary waste expanding to the skies:

Where'er I roam, whatever realms to see,

My heart untravell'd fondly turns to thee;

Still to my brother turns with ceaseless pain,

And drags at each remove a lengthening chain.

狄更斯在这里是借用高尔斯密的诗行描写小说中的人物米考伯（Micawber）,虽然"远在异域"（remote）,但并非"举目无亲"（unfriended）,"心怀郁郁"（melancholy）亦非"步履迟迟"（slow）。狄更斯巧妙地将高尔斯密的诗行拆分并嵌入米考伯给科波菲尔的书信文字中,颇见其博闻强记、文思巧妙、谐趣幽默之功。

五、lose me like the boy in the fairy tale

原文来自狄更斯的《大卫·科波菲尔》,其中的"if she were employed to lose me like the boy in the fairy tale"暗示与某一前文本有关。这一文本就是德国格林兄弟雅各布·格林（Jacob Grimm）和威廉·格林（Wilhelm Grimm）合著的童话故事《汉斯尔和格勒特尔》。根据该童话,汉斯尔的父亲是个樵夫,有一个继母。有一年闹饥荒,父母为了自己活命把汉斯尔和女孩格勒特尔骗到树林,然后自己走开,把他们扔在黑暗的树林里。但汉斯尔前一天偷听到父母的计谋,因此有所准备。出来时,装了一口袋白石子,在路上走不远就扔一个。等到月亮升起后,他们顺着扔下的石子,沿着来路重新回到家里。在《大卫·科波菲尔》里,小科波菲尔乘着马车与家里的女仆坡勾提一起到亚摩斯的坡勾提哥哥家里度假。坡勾提因为身躯壮硕、肉乎乎的,只要身子一使劲,衣服背上的纽扣就会掉落,因此小科波菲尔打趣地想,或许他能像汉斯尔和格勒特尔那样,沿着掉落在地上的纽扣重新回到家里,由此可见狄更斯的风趣幽默。此例所包含的互文关系是一种语言文化的文本与另一种语言文化的前文本之间的关系。

六、ducky，ducky，ducky，come to…be killed

原文出自狄更斯的《大卫·科波菲尔》，其中的"ducky，ducky，ducky，come to Mrs. Bond and be killed"与一首英国儿歌有关。歌词第一段是"Mrs. Bond，what can you give us to eat? There are beef in the cupboard and ducks in the pond. Ducky，ducky and ducky，come and be killed"（邦德太太，你有什么给我们吃? 肉橱里有牛肉，池塘里有鸭子。小鸭，小鸭，小鸭，快快来挨刀）。这里，狄更斯借用英国儿歌歌词是欲用来描写小说中的人物莫奇小姐（Miss Mowcher）喜欢插科打诨、制造噱头的性格。

七、vermilion door

原文出自学者兼作家林语堂的主要英文小说 Moment in Peking（《京华烟云》），其中的"vermilion door"（朱红色的门即"朱门"）对于不熟悉中国文化的英语读者来说很难明了其文化内涵。在中国传统文化语境中，"朱门"是一个固定的意象，暗指富贵人家，因古代王公贵族的住宅大门漆成朱红色而得名，如杜甫的"朱门酒肉臭，路有冻死骨"。作为学贯中西的学者型作家，林语堂即便是在用英文创作时也不忘利用语言手段传播祖国传统文化。王少娣认为，在《京华烟云》中，林语堂注入其作品里的不仅有自己的见闻和亲历，更有蕴含在内心深处的文化情怀和宗教哲学观，在他向西方介绍中国文化的过程中，他始终没有放弃也无法摆脱的就是这种东方文化的情怀。此例中的互文性不是文本之间的关系，而是某一文本与某一文化语境的关系，属于一种广义的互文关系。《京华烟云》中类似的例子还有"The whole family is bewitched by that female fox-spirit"，其中的"fox-spirit"就是汉语中"狐狸精"的直译；另一个例子"I want only to know what made her seek the short way"中的"seek the short way"则基本上是"寻短见"的字面翻译，即林语堂所谓的"字译"。其他还有"killing a landscape"（煞风景）"sprinkle cold water"（泼冷水）"three don't-knows"（三不知）等。

八、只在此山中，云深不知处

原文出自著名诗人余光中的《尺素寸心》，其中的"只在此山中，云深不知处"是唐朝诗人贾岛《寻隐者不遇》中的名句，前两句为"松下问童子，言师采药去"。美国翻译家伯顿·沃森（Burton Watson）的译文是：

Under the pines I questioned the boy.

"My master's off gathering herbs.

All I know is he's here on the mountain.

Clouds are so deep，I don't know where."

《尺素寸心》中这句未标明诗歌作者的引语若采用直译，则会让英语读者感觉有些突然。汉学家、香港中文大学教授 David Pollard 在翻译该诗句时采用了增词法，译为 As the poet was told about the recluse he was looking for："I know he's in these mountains，but in this mist I can't tell where."此译文中增加的部分仍未将诗人的身份表明，故译文中的"the poet"可扩展为"the Tang poet Jia Dao"。这样,英语读者就会获得与源语读者大致相同的信息量。在《尺素寸心》中还有两处互文性的例子。一处是"英国诗人奥登曾说,他常常搁下重要的信件不回,躲在家里看他的侦探小说"。这种转述大意的间接引用是互文性的一种典型表现,翻译时无须找出原话,回译即可。David Pollard 将其译为:W. H. Audenonce admitted that he was in the habit of shelving important letters prefemng instead to curl up with a detective novel。另一处是"王尔德有一次对韩黎说:'我认得不少人,满怀光明的远景来到伦敦,但是几个月后就整个崩溃了,因为他们有回信的习惯'"。碰到这种直接引用,必须找出说话者的原话,因为正如 Pollard 所说,原话一般措辞很妙。换言之,直接引语的翻译应使用还原法。但被引者的著述可能浩如烟海,要找出一句话或一段话的出处绝非易事,需要译者有广博的知识,有时需要向被引者的研究权威请教。Pollard 的译文是"…while Oscar Wilde remarked to Henley:'I have known men come to London full of bright prospects and seen them complete wrecks in afew months througha habit of answering letters'"。此例所包含的互文关系比较复杂,既有同一语言文化语境中某一文本与前文本的关系,也有一种语言文化的文本与另一语言文化的前文本的关系。文学作品是一个复杂的互文关系的网络。文学创作从某种意义上讲就是一种互文写作,文学阅读和文学翻译亦是如此。

九、东篱

原文出自宋代婉约派词人李清照的著名词作《醉花阴·薄雾浓云愁永昼》,全文是:"薄雾浓云愁永昼,瑞脑消金兽。佳节又重阳,玉枕纱厨,半夜凉初透。东篱把酒黄昏后,有暗香盈袖。莫道不消魂,帘卷西风,人比黄花瘦。""东篱"的意象在文学文本中旅行的轨迹可追溯到东晋大诗人陶渊明。他的《饮酒》中有"采菊东篱下,悠然见南山"(Picking chrysanthemums under the Eastern fence;Leisurely I look up and see the Southern Mountains)。陶渊明作为隐逸田园派诗人,情操高洁,诗风写实,故"东篱"当指"东面的篱笆",直译为"Eastern fence"或"Eastern hedge"是合理的。蒋骁华指出,"陶潜是有名的隐居田园诗人,他一生淡泊名利,人品高洁,他酷爱菊花(菊花因在百花凋谢的秋季开放而被视为高洁、不媚俗的象征)。'东篱'一开始就与'菊'有不解之缘,因而,在日后的不断被借用中它也染上了'菊花'的含义(或者说,看到'东篱'自然让人想到'菊花')"。因此,翻译家许渊冲将"东篱"意译为"chrysanthemums in bloom"。后世文人也频繁地使用"东篱"的意象,如岑参《九日使君席奉饯卫中丞赴长水》有"为报使君多泛菊,更将弦管醉东篱",刘眘虚《九日送人》有"从来菊花节,早已醉东篱",苏轼《章质夫送酒六壶书至而酒不达戏作小诗问之》有"漫绕东篱嗅落英",等等,不胜枚举,这种后人的互文可视为对陶渊明的一种情感寄托和致敬。而且,随着互文性范围的扩大,"东篱"的联想意义也在不断扩大,具有了以下内涵:①东面的篱笆或泛指篱笆;②菊花;③种了菊花的一片地;④花园;⑤隐居处;⑥隐居生活;⑦作为隐居田园诗人的陶潜;⑧脱俗的精神。因此,"东篱"的翻译不可机械地直接译成"Eastern fence",应结合具体语境分析。原文中的"把酒"是另一个互文性实例,使我们想到李白的"把酒问青天"。总而言之,这些互文关系反映的是同一语言文化语境下某一文本与前文本的关系。

十、凭栏

原文出自南宋抗金名将岳飞的《满江红》，其第一段是"怒发冲冠，凭栏处，潇潇雨歇。抬望眼，仰天长啸，壮怀激烈。三十功名尘与土，八千里路云和月。莫等闲，白了少年头，空悲切"。其中的"凭栏"及其同义词"凭轩""倚栏""倚阑"等也是一个在汉语古诗文中常见的意象，如杜甫《登岳阳楼》有"戎马关山北，凭轩涕泗流"，杜牧《初春有感寄歙州邢员外》有"闻君亦多感，何处倚阑干"，李煜《浪淘沙》有"独自莫凭栏，无限江山，别时容易见时难"，李璟《摊破浣溪沙菡萏香销翠叶残》有"多少泪珠何限恨，倚栏干"，冯延巳《鹊踏枝·梅落繁枝千万片》有"一晌凭栏人不见，鲛绡掩泪思量遍"，姜夔《点绛唇·丁未冬过吴松作》有"今何许。凭阑怀古，残柳参差舞"，范仲淹《苏幕遮·怀旧》有"明月楼高休独倚，酒入愁肠，化作相思泪"，等等。国内外译者对"凭栏"的翻译有：1. lean on balustrade；2. lean on railings；3. lean on rails；4. lean on balcony；5. on the rails I lean；6. on the railirigs I lean；7. lolled against the pillars。蒋骁华认为，"凭栏"似乎是中国古代文人骚客的文学情结或曰"动作符号，这一符号意味着有某种强烈的情感或情绪要宣泄，或忧国忧民，或儿女情长，或孤愤难平，不一而足"。

第三节　翻译策略与方法

互文性广泛存在于人们的言说和书写之中。就文学翻译而言，互文性的表现至少体现在三个方面：增加言外之意、形成感情晕轮（affective halo，即增强感情色彩）、产生联想意义。翻译时应围绕以上三个方面尽可能地将原文的互文效果传译出来。不过，互文性是一个复杂问题，与读者或听者的知识背景密切相关：某些互文关系对于知识和智力水平高的人而言不难体察，而智力水平较低的人不一定能悟出。"平均智识水平"似乎是决定原作互文性应否翻译的一个取向。不过，"平均智识水平"也是一个动态的、难以确定的概念，因不同时代、国家、读者群体而不同。另外，在互文翻译中，注释常常是一个不可缺少的手段，与其他译法并用。但对于注释的使用，国内外学者看法迥异。例如皮姆就主张翻译中尽可能避免使用注释，认为注释是对读者智商的一种侮辱。因此，在包括互文性在内的所有翻译活动中，译者运用注释需特别谨慎。

一、常见译法

（一）直译+注释

在互文指涉中，若原作所用语言意在言表，可考虑采用直译与注释相结合的方法。例如狄更斯《大卫·科波菲尔》中涉及格林童话的句子"if she were employed to lose me like the boy in the fairy tale"，翻译家张谷若直译为"万一她像童话中说的那样奉命把我遗弃"，并作注如下："德国格林兄弟童话里的《汉斯尔和格勒特尔》里说，汉斯尔的父亲是个樵夫，有一年因年乏食，不得已把男孩汉斯尔和女孩格勒特尔骗到树林，自己走开，想把他们扔在那儿。但汉斯尔头天偷听父母计议，有所准备，出来时装了一口袋白石子，在路上走不远就扔一个，这样他们顺着撒有石子的路，重回到了家里。"

（二）意译＋注释

对于有些文化意蕴丰富的互文性词语，翻译时应特别注意其是否具有联想意义。例如"东篱"除了指东面的篱笆外，还具有"菊花""陶渊明式的隐居生活"等联想意义，故翻译家许渊冲将其意译为"chrysanthemums in bloom"（盛开的菊花），而非字面意思"Eastern fence"或"Eastern hedge"，并加注如下：In Chinese culture, "Eastern fence" often associates with Tao Yuanming, a household poet of the Eastern Jin Dynasty, as well as the chrysanthemums symbolizing a kind of hermetic life.

（三）增词

互文关系牵涉到一定的文化背景信息，翻译时可采用增词法补全背景信息，从而避免使用注释。例如余光中《尺素寸心》中有句话借用了唐朝诗人贾岛的"只在此山中，云深不知处"，但未点明该诗句出处。中国读者读到该诗句时一般都会想到贾岛和他的诗《寻隐者不遇》。翻译时，译者有必要将源语读者能够联想到的信息译出，帮助译语读者获得大致相同的阅读效果，比如可这样翻译 As Jia Dao, a household poet of the Tang Dynasty, was told about the recluse he was looking for："I know he's in these mountains, but in this mist I can't tell where"，其中的"As Jia Dao, a household poet of the Tang Dynasty, was told about the recluse he was looking for"为增词，不仅交代了互文背景信息，同时也实现了上下文语义的连贯性。

（四）回译

跨语言文化引用是人们言说和写作中的惯常现象，包括直接引用和间接引用。间接引用是说话人或写作者转述被引者的大意，可采用回译法，即用被引者的语言将转述话语翻译回去，无须找出被引者的原话。例如前文讨论的《尺素寸心》中余光中间接引用的英国诗人奥登的话，无须还原，回译为英语即可。

（五）还原

跨语言文化引用中的直接引用指说话人或写作者引用被翻译过来的被引者的原话，可能是引者的自译或者是现存的译文。翻译直接引语不能用回译法，应采用还原法，即找出被引者的原话，这就要求译者有渊博的知识和不耻下问的精神，因为被引者的著述可能浩如烟海，要找出他或者她写的或者说的一句话或一段话犹如大海捞针。例如上文讨论的《尺素寸心》中翻译过来的英国作家王尔德的原话，不能采用回译法，只能采用还原法，即找出王尔德的英文原文。

二、译策译法选介:重复法

《中国翻译词典》指出,重复法(repetition)本质上是一种增词,只不过所增加的词语在上文中刚刚出现过。张培基等将重复法分为三种类型:原文重复,译文也重复;原文未重复,译文重复;原文未重复,译文利用同义词间接重复。例如有这样一个句子"its deed is murder just as surely as the deed of the single individual; disguised, malicious murder, murder against which none can defend himself",句中 murder 重复了两次。其译文是"这也是一种谋杀,和个人进行的谋杀完全一样,只不过这是一种隐蔽的、恶毒的谋杀,没有人能够防御",译文两次重复"谋杀",这是保持原文中的重复。另外,这个例子还告诉我们,英语虽然忌重复,但重复用得恰当,可加强写作和说话的语势、气势。原文未重复而译文重复包括两种情况:一是原文重复的部分省略,从语言形式上看没有重复;二是原文未重复而译文重复。例如培根《论读书》中有"Studies serve for delight, for ornament, and for ability. Their chief use for delight, is in privateness and retiring; for ornament, is in discourse; and for ability, is in the judgment and disposition of business",王佐良的译文为"读书足以怡情,足以博彩,足以长才。其怡情也,最见于独处幽居之时;其博彩也,最见于高谈阔论之中;其长才也,最见于处世判事之际"。译文中"delight""ornament""ability"的翻译属于原文重复而译文也重复(同时运用了词性转换),但译文两次重复的"足以""最见于"需具体分析。原文两次重复的"for"前面省略了"serve","for"可看作与"以"对应,属于原文重复而译文也重复,"足"似可看作与"serve"对应,属于原文省略而译文重复。同理,"最见于"中的"于"可看作与原文的"in"对应,属于原文重复而译文也重复,而"最见"似乎与原文的"chief use"对应,属于原文省略而译文重复。借助于重复,翻译读来文采飞扬,不逊于原文。又如英文句子"The snow falls on ever wood and field, and no crevlce is forgotten; by the river and the pond, on the hill and in the valley."似可译为"雪,在四处飘落着。雪花撒在树上,撒在田野,撒在河边、山上、谷底——没有一条岩缝、墙隙,不飘满雪花",译文几次重复"撒在",语言的生动性跃然纸上,这是重复法的一种功用。从某种意义上讲,这个译例也属于原文省略而译文重复,因为原文中的动词"falls"与句末的"by the river and the pond, on the hill and in the valley"存在隐性搭配关系,可视为重复部分省略。再如汉语句子"那天显得特别长,我们上床时已筋疲力尽,心情坏透了",似可译为"It had been a long, long day, and we went to bed very sad and exhausted",译文重复了"long",但原文没有重复"长",故属于原文未重复而译文重复,重复的目的是强调"长",即表达原文的"特别长",所以此种重复是忠实原意的翻译。间接重复是用同义词表达原文含义,如可用"取之不尽、用之不竭"翻译"inexhaustible",还可用包含意义重叠的汉语成语翻译英文词语,如可用"感恩戴德""忘恩负义""繁荣昌盛"分别翻译"gratitude""ingratitude""prosperity"。

重复法在文学翻译中大有用武之地。它不仅具有使意义或表述明晰、强化、生动的功能,还能化长为短、化繁为简,在将英语长句化为汉语中短句方面作用尤为显著。现以苗怀新翻译的美国作家布拉德伯利的反乌托邦小说《华氏451度》(*Fahrenheit* 451)为例,原作中的"the dark eyes were so fixed to the world that no move escaped them"被译成"一双黑眼睛好像时刻注视着世界,观察着人间的变动",原文中的"world",通过同义词"世界""人间"重复,将原文化短,读来流畅自然,加强了原作的韵味。又如原作中有这样一个长句"She had a very thin face like the dial of a small clock seen faintly in a dark room in the middle of a night when you waken to see the time and see the clock telling you the hour and the minute and the second, with a white silence and a glowing, all certainty and knowing what it has to tell of the night passing swiftly on toward further darkness but moving also toward a new sun."苗怀新的译文是"容貌那么清秀,就像半夜醒来时在黑暗中隐约可见的小小的钟面,报告时刻的钟面:它皎洁而安静,深知时间在飞驰,深信黑夜虽越来越深沉,却也越来越接近新生的太阳"。译文相当精彩,重复法功不可没。翻译充分发挥了重复法的妙用,把原文繁复的信息安排得通畅妥帖,如通过重复"钟面",把主从句的有关信息很自然地融为一体,同时也保持了原文的语序,而作为同义词间接重复的"深知"和"深信",把一个长长的 what 从句译得从容自然。

另外,在翻译英语的定语从句时,重复法的使用频率也比较高。通过重复先行词,可以按照意群切分定语从句,平均而自然地分配定语从句的信息。例如"He is a man who thinks by himself and is quite equal to important tasks at the critical moment",翻译时可将先行词"man"分别与定语从句中的意群"thinks by himself"和"is quite equal to important tasks at the critical moment"搭配,从而形成以下简短流畅的译文,"他是一个有主见的人,一个在关键时刻堪当重任的人"。又如狄更斯《雾都孤儿》第 28 章中有一个含有多个定语从句的句子"The cook turned pale, and asked the housemaid to shut the door, who asked Brittles who asked the tinker, who pretended not to hear",原文用了三个 who,若不用重复法,将很难翻译。翻译家荣如德的译文是"厨子的脸色变得苍白,要女仆把门关上,女仆叫布立特尔关,布立特尔又叫补锅匠关,而补锅匠装着没听见",译文通过重复"女仆""布立特尔""补锅匠",不仅保持了原文顺序,而且读来流畅自然。

总之,文本间性是人类文本生产中一种固有的特性。一个文本与前文本可能有着千丝万缕的联系。前文本可能是该文本所在文化的前人或同代人先创作出来的文本,也可能是其他文化的文本。广义的文本概念具有无限的可伸缩性,可能是一个词、一句话、一个文本,也可能是整个文化语境。在文本理解和翻译中,应善于抓住文本中纵横交错的互文关系,准确地判断某一互文关系能否为"平均智识水平"的读者所领悟,然后决定是否传译出来。

第七章　跨文化交际下的英汉句式翻译

第一节　特殊结构句的翻译

一、汉语无主句、无宾句的处理

汉语是意合性的语言，只要在上下文中，意思上能够理解，就可省去任何东西，而不考虑语法或逻辑关系。在汉语中，没有主语或没有宾语的句型很普遍。英译时常需要将隐含的主语或宾语补上，以符合英语语法习惯。著名翻译学家刘宓庆认为，"在处理每一个语段时，必须试做'完形分析'，力图将清每一个非完整句（或词组）的结构"，要对汉语形式结构进行补足，"一般待补足的部分主要是主语、宾语及连接词"。

在翻译汉语无主句时，经常使用以下几种方法：①补上人称代词作为主语，这是在口语体翻译中常用的一种办法；②补上语义比较虚泛的名词当主语；③转为英语被动语态，这种方法常用于正式文体，如科技论文；④将汉语句子中的其他非主语成分转成英语主语；⑤补上省略的宾语。

（一）补上人称代词作为主语

例　加强思想政治工作，讲艰苦奋斗，都很必要，但只靠这些还是不够。（《邓小平文选》）

译文 1：It is most essential to strengthen ideological and political work and stress the spirit of hard struggle, but counting just on these will not suffice. （《北京周报》）

译文 2：Although we have to strengthen ideological and political work and stress the need for hard struggle, we cannot depend on those measures alone. （外文出版社）

［分析］《北京周报》译文机械地将"只靠这些"译成 counting just on these，但使用 counting 充当句子主语不是十分常用、地道。外文出版社译文改用添加人称代词主语 we 的

办法,读上去更口语化、更顺畅。

(二)补上语义虚泛或具体的词语充当主语

例　过去,只讲在社会主义条件下发展生产力,没有讲还要通过改革解放生产力,不完全。

译文:In the past, we only stressed expansion of the productive forces under socialism without mentioning the need to liberate them through reform. That conception was incomplete.

[分析]"不完全"可视为"这不完全"的省略形式,翻译时可补上主语。补上的主语可以是较虚的 that,也可以在可能的范围内将其更具体化一些,上面译文补上了 That conception,比 that 更具体、更清楚。

(三)转为被动语态

例　基本路线要管一百年,动摇不得。

译文:The basic line should be adhered to for 100 years, with no vacillation.

[分析]以上译文采用被动语态进行处理,语义正确,在书面语中比较妥当。

但在口语体中,应避免使用被动语态,可采用添加人称代词当主语。如: We should adhere to the basic line for a hundred years, with no vacillation。

(四)将非主语成分转为主语

例　自然而然地也能感觉到十分的秋意。

译文 1: And a sense of the fullness of autumn will come upon you unawares.

译文 2: And an intense feeling of autumn will of itself well up inside you.

[分析]上述两个译文是从客观角度翻译的,都将原句谓语动词译为译文中的主语。

(五)补上省略的宾语

汉语动词往往没有宾语,隐含的宾语需要读者自己通过推理得出。例如,某人说:"我有如下一个建议……"另一人说:"我接受。""接受"的隐含宾语就是"建议"。英语中及物动词较多,不宜说 I accept. 而应说 I accept it. 必须把宾语显示出来。

二、省略句

语言的使用以简洁为贵,人们在说话、写作和翻译时,有时出于句法和修辞的需要,常常省去某些不必要的成分,而意思仍然完整,这种缺少一种或一种以上成分的句子称为省略句。英语和汉语中都存在省略句。省略的形式多种多样,可以是主语、谓语和宾语,也可以是一个成分或多个成分。对省略句的翻译,不管是英译汉,还是汉译英,关键在于对省略成分的准确理解。翻译时,根据译文语言的表达习惯,增加或省略被省略的成分。如果看不清楚被省略的部分,就会产生误解,导致错误的翻译。下面探讨翻译省略句的常用方法。

(一)原文中省略的部分,译文中补出

省略是英语句子的一种习惯用法。英语句子中的某个或某些成分有时可以在句中不必出现,或者前面已出现过的某些成分,为了避免不必要的重复,后面可以不再出现。英语中的各种成分,如主语、谓语动词、表语、宾语、定语和状语等,都可以在句中省略。但翻译时,准确理解被省略的成分,可将其在译文中补出。

例 1　The symbol for hydrogen is H; for oxygen, O; for nitrogen, N.

译文:氢的符号是 H;氧的符号是 O;氮的符号是 N。(增加主语)

例 2　Courage in excess becomes foolhardiness, affection weakness, and thrift avarice. (省略定语和谓语动词)

译文:勇敢过度即成蛮勇,感情过度即成贪婪。

例 3　Truth speaks too low, hypocrisy too loud. (省略谓语动词)

译文:真理讲话声太低,虚伪嗓门太大。

(二)原文中省略的部分,译文继续省略

英语中被省略的部分,有时根据译文需要,也可以在译文中省略。例如,有些从句中省略了和主句中相同的部分,此时根据需要,可以省略原文中省略部分,尤其是由 than 引导的比较从句,从句中被省略的部分常常不译。

例 1　What if the sun is not shining? (What will happen if …)

译文:如果没有太阳照耀,那怎么办?

例 2　In 1975, the number of students in our school is about five hundred, and in 2005, over four thousand.

译文:1975 年,我校的学生人数为 500 左右;2005 年,已超过 4 000。

例 3　The culture and customs of America are more like those of England than of any other country.

译文:美国的文化和风俗习惯与其他国家相比,和英国最为接近。

在汉译英时,有时根据英语的行文表达习惯,也可以省略一些成分。

三、倒装句

一般说来,英语陈述句的正常词序为:主语+谓语动词+宾语(或表语)+状语。但英语的词序比较灵活,有时为了强调句中某一成分,从修辞角度考虑,可将句中的有关成分提前,构成倒装。英语的倒装可分为结构性倒装和修辞性倒装两大类。倒装句的翻译关键在于对倒装句的理解,理解的关键在于对句子做出正确的语法分析,找出句子的主干,确定什么成分被倒装。一般来讲,翻译结构性倒装,汉语可采用正常语序;翻译修辞性倒装,可根据译文的需要,或保留原文语序,即仍然在汉语中使用倒装语序,或采用正常语序。

（一）结构性倒装的翻译

结构性倒装是由语法结构的需要引起的倒装，主要包括疑问倒装，there be 结构倒装，虚拟倒装，以 there，here，then，thus，now，so，nor 和 neither 等副词位于句首引起的倒装。结构性倒装的翻译一般采取正常语序。

例 1 Are you fond of country music?

译文：你喜欢乡村音乐吗？

例 2 There is nothing on the table.

译文：桌子上什么也没有。

例 3 Had they been given more help, they would not have failed.

译文：假如给予他们更多的帮助，他们就不会失败了。

例 4 Tom didn't like sports programs. Nor did his wife.

译文：汤姆不喜欢体育节目，他妻子也不喜欢。

（二）修辞性倒装句的翻译

修辞性倒装句的目的是加强语气，或避免头重脚轻，它包括句首为表示地点的介词或介词短语、否定倒装、让步倒装、only 位于句首引起的倒装、为了叙述方便或使情景描写更加生动形象而引起的倒装等。这类倒装，根据需要，可采用正常语序或倒装语序进行翻译。

例 1 Little do we suspect that this district is rich in water resources.

译文：这一地区水利资源丰富，我们对此深信不疑。（正常语序）

例 2 Talent, Mr. Robert has, capital Mr. Robert has not.

译文：说到才能，罗伯特先生是有的；谈到资本，他却没有。（倒装语序）

例 3 Tired as he was, my brother went on working.

译文：虽然累了，我哥哥仍然坚持工作。（正常语序）

例 4 Most information we get from him.

译文：大部分消息我们是从他那里得来的。（倒装语序）

四、分词短语和分词独立结构的翻译

分词短语可分为现在分词短语和过去分词短语。一般说来，分词短语的翻译并不难，可根据它们在句中充当的成分译成汉语中相应的成分。这里主要探讨分词短语作状语时的翻译。分词短语作状语可表时间、原因、方式、结果、条件和伴随状况等逻辑关系。翻译的关键在于要准确理解分词短语与句子谓语动词之间的逻辑关系，然后在译文中补充表示相应逻辑关系的词语。

例 1 Not knowing the language, he didn't know how to ask the way.

译文：他因为不懂语言，不知道怎样问路。（表原因）

例 2 The hunter fired, killing a fox.

译文：猎人开枪打死了一只狐狸。（表结果）

例 3 Shouting loudly, the children ran to the zoo.

译文:孩子们大声喊叫着朝公园跑去。(表伴随)

例 4 Having more money, I could afford to buy the house.

译文:如果有更多的钱,我就能买下这座房子了。(表条件)

例 5 Being a metal, mercury is not a solid.

译文:汞虽是金属,但不是固体。(表让步)

例 6 Coming out to the street, I felt a bit cold.

译文:来到大街上之后,我感到有点冷。(表时间)

当分词短语作状语,带有自己的逻辑主语时,这种结构称为独立结构。独立结构可表示时间、原因、条件或伴随状况等逻辑关系。分词独立结构的翻译关键在于弄清楚独立结构表示什么关系,然后在译文中补充表示相应逻辑关系的词语。

例 7 Weather permitting, we will have the match.

译文:如果天气允许,我们就举行比赛。(表条件)

例 8 Her leg wounded, Ellen could do nothing but stay at home.

译文:腿受伤了,埃伦只好待在家里。(表原因)

五、并列结构句

并列结构句的形态,如动词原型、动词不定式、分词。此外,在汉译英中常出现词性转换的情况。例如,汉语动词可转为英语名词、介词等。因此,在英译的过程中汉语的并列结构常转为不并列的结构,会失去原汉语的平衡美感。有时译者应有意识地保持英译文中词汇形态的一致性和结构的平衡性。如果出现形态不一致,可以改变英译文中词汇的词性、词形,甚至增补语义不明显的词汇,以求形态一致。

当然,有时汉语句型结构也会比较随意,翻译时如果发现汉语语义上并列,但结构上未处于并列关系,译者应调整词序,使它们处在相应的结构上,这样可增强译文的平衡感和可读性。

(一)把汉语并列结构译成英语并列结构

例 现在,我们发展社会主义市场经济,与马克思主义创始人当时所面对和研究的情况有很大不同。

译文 1: At present, we are putting in place a socialist market economy. But the conditions we are faced with are quite different from those the founders of Marxism were faced with and studied.

译文 2: At present, we are putting in place a socialist market economy. But the conditions we are faced with are quite different from those the founders of Marxism faced and studied.

[分析]通常认为第二种译法质量较好,该译文用主动的 face,既与 study 平衡并列,又避免了与前面的 are faced with 重复。

（二）把汉语非并列结构改成英语并列结构

例　鼓励、支持和规范社会力量办学、中外合作办学。

译文：The government will encourage, support and standardize school management by non-governmental sectors or by Chinese-foreign cooperation.

［分析］"社会力量"是具体名词，"中外合作"是抽象名词，如果译成 by non-governmental sectors or by Chinese-foreign cooperation，未取得平衡，因为 sectors 是具体名词，cooperation 是抽象名词。如果把 cooperation 换成 undertakings，这一问题便可以解决。

六、被动句

语态是动词表示主语与谓语关系的一种形式，可分为主动语态和被动语态两种。主动与被动虽是人类认识客观世界的两种不同的角度，但表达了同一个事实。两者在意义上的差别在于主动语态表示主语是谓语动词动作的执行者，叙述强调的是动作；被动语态表示主语是谓语动词动作的承受者，叙述强调的是动作完成后所呈现出来的状态。

主动与被动表现形式的差异主要取决于语言自身的特点，同时与一个民族的文化和思维方式有关。中国文化的最高境界是"天人合一"。中国的传统哲学注重物我合一，强调思维上的整体观，在"物"与"人"的关系上，强调"万物与我为一"。也就是说，在人和万物之间和谐统一的关系中，人要起主导作用，体现了中国人思维模式中的主体意识。这种主体意识使中国人认为行为和动作一定是"人"这个主体才能进行和完成的，于是许多时候，汉语中不管是主动意义还是被动意义，句子多用主动句来表示。西方哲学的"人为万物尺度"讲究物我分明，主客体对立。所以，在西方人的思维中，该强调"物"时，就是客体意识；该强调"人"时，就是主体意识。体现在主动和被动的使用上，该强调"人"，即动作的执行者时，就用主动句；该强调"物"，即动作的对象时，就用被动句。

英语是形合语言，具有丰富的形态变化，特别是动词。英语的被动句是由被动语态来表达的，由"be+动词的过去分词"构成，是显性的。汉语是意合语言，基本上没有形态变化，动词本身也不具备被动语态，所以汉语被动含义的表达缺乏形态形式标志，是隐性的，是依靠其他手段实现的。

（一）英语被动句的翻译

1. 译为汉语带形式标志的被动句

英语的被动句如果表示的是不幸或不愉快的事，而且句中带有施事者，可以将其译为汉语的被动句，用"被""给""让""叫""由""为……所"等词引出动作的执行者。英语的被动句也有表示不幸或不愉快的事情，但句中有动词不定式、名词、形容词等表示主语的补足语，也可译为汉语的被动句。

例1　A young man was shot yesterday by a man in a stocking mask.

译文：一位年轻男子昨天被一蒙面男子枪杀了。

例2 The young woman was abandoned by her husband.

译文:这个青年妇女被她丈夫抛弃了。

例3 The patient is being operated on by the doctor.

译文:病人正在由医生动手术。

2. 借助汉语的词汇手段来表示英语的被动句

例1 Our foreign policy is supported by the people all over the world.

译文:我们的对外政策受到全世界人民的支持。

例2 Poets are born, hut orators are made.

译文:诗人是天生的,而演说家则是后天造就的。

例3 Private enterprise and industry were permitted and encouraged.

译文:私人企业和工业得到了许可和鼓励。

3. 译为汉语的意义被动句

英汉两种语言中都有意义被动句,它们形式上是主动句,从逻辑意义上分析却是被动句。汉语中意义被动句比英语的意义被动句多很多,因此不少英语被动句可译成汉语的意义被动句。

例1 Too many books have been written about the Second World War.

译文:关于第二次世界大战的书写得太多了。

例2 His pride must be pinched.

译文:他这股傲气应该打下去。

例3 On their domestic stations situation in the Middle East were dismissed briefly.

译文:在他们国内的广播中,只简单地报道了一下中东局势。

4. 状语译为主语,原主语译为宾语的被动句

当被动句中有由介词 by 引起的状语时,可将这种状语译成汉语的主语,而将原主语译为宾语。

例1 The result of the invention of the steam engine was that human power was replaced by mechanical power.

译文:蒸汽机发明的结果是,机械力代替了人力。

例2 By the end of the war 800 people had been saved by the organization.

译文:大战结束时,这个组织救了800人。

5. 译为汉语的泛指人称句

通过增加泛称主语,如"人家""大家""别人""有人""人们"等,将英语被动句译为泛指人称句。

例1 They were seen repairing the machine.

译文:有人看见他们在修理机器。

例 2 I did not recognize him until he was pointed out to me.

译文:我起先认不出他,后来等到别人指出才知道。

例 3 They were said to be building another bridge over the river.

译文:有人说他们正在这条河上建另一座桥。

6. 译为汉语的无主句

例 1 These instruments must be handled with great care.

译文:必须小心操作这些仪器。

例 2 Attention has been paid to the new measures to prevent corrosion.

译文:已经注意到采取防腐新措施。

例 3 It must be pointed out that China is a developing country and will never be superpower.

译文:必须注意到的是,中国是一个发展中国家,永远不会称霸世界。

7. 译为汉语的"把字句"

例 1 These questions should not be confused.

译文:不要把这些问题混在一起。

例 2 In the first battle of this period two divisions were disarmed and two divisional commanders were captured.

译文:第一仗就把敌军两个师解除武装,俘虏了两个师长。

8. 译为汉语的"进行句"

例 1 The dinner is cooking.

译文:饭正在做。

例 2 The film is showing in cities.

译文:这部电影正在市内各电影院放映。

9. 常见被动式句型的译法

英语中有不少常用的被动结构,一般已有习惯的译法。例如:

The principle of …is outlined. 本文概述……的原则。

An account of…is given. 本文叙述……

An analysis of…was carried out. 本文做了……的分析。

…be known as… ……被称为……

…be spoken of as… ……被说成……,……被称为……

…considered to be… ……被认为……,……被看作……

…be treated as… ……被当作……

...be defined as... ……被定义为……，……定义是……

It is said that... 据说……

It is reported that... 据报道……

It is found that... 人们发现……

It is supposed that... 据推测……，假定……

It is announced (declared, claimed) that... 据称……，有人宣称……

It is asserted that... 有人主张……

It should be pointed that... 必须指出……

It must be admitted that... 必须承认……

It is generally agreed/recognized that... 人们通常认为（承认）……

It is demonstrated that... 据证实……，已经证明……

It is well known that... 众所周知……，大家都知道……

（二）汉语句子向英语被动句的转换

1. 将一些表示情感变化的主动句译为英语的被动句

汉语中表达由客观环境造成的处境、感受和情感上的变化，句子常用主动。而英语在表达由客观环境造成的处境、感受和情感上的变化时，常用被动。

例1 敌军官听说后路已被切断，吓得目瞪口呆。

译文：The enemy officer was stunned by the news that the route of retreat had been cut off.

例2 知识分子的问题就是在这样的基础上提出来的。

译文：On such a basis has the question of the intellectuals been raised.

例3 这件事感动了上帝，他就派了两个神仙下凡，把两座山背走了。

译文：God was moved by this, and he sent down two angels, who carried the mountains away on their backs.

2. 将一些汉语中的话题评说句译为英语的被动句

汉语中有一些话题评说句，其话题在语义上是受事，这类句子可以译为英语被动句。汉语中还有一些存现句，也可以译为英语的被动句。

例1 国际争端应在此基础上予以解决，而不诉诸武力和武力威胁。

译文：International disputes should be settled on this basis, without resorting to the use of or threat of force.

例2 城乡改革的基本政策一定要长期保持稳定。（《邓小平文选》）

译文：The basic policies for urban and rural reform must be kept stable for a long time to come.

3. 将汉语中的一些意义被动句译为英语的被动句

例1 这酒口感不错，与价格相称。

译文：This wine drinks well for its price.

例2 那不行！前天董事会已经派定了用场。(茅盾《子夜》)

译文：Nothing doing there, I'm afraid. All the money was allocated to various uses at the board meeting the day before yesterday.

4.将汉语中的无主句和泛指人称句译为英语的被动句

无主句是汉语中经常使用的句型,这类句子通常省略主语或隐含主语,处理这类句子最常用的方法就是将其译为被动句。泛指人称句指句中的主语是"大家""人家""有人""他们"等的句子,这类句子主语所指不确定,其重要性不及宾语。因此,常将这类句子译为被动句。

例1 可以有把握地说,会议会如期召开的。

译文：It may be safely said that the meeting will be held on schedule.

例2 弄得不好,就会前功尽弃。

译文：If things are not properly handled, our labour will be totally lost.

例3 我们大家应当把地球作为一个整体去研究解决环保问题。

译文：The problem of environmental protection should be recognized and resolved in the light of that the earth is a whole subject.

5.将汉语中一些被动句直接译为英语的被动句

这类句子主要有两种：一种是带被动标志；如"被……""为""叫""给""由……""为……所"等的被动句；另一种是借助词汇手段,如"受(到)""遭(受)……""蒙……""挨……""得到""加以""给以""予以"等构成的被动句。

例1 社会上形形色色的人物被区分得一清二楚。

译文：People of all sorts in our society have been clearly reveal for what they are.

例2 他深受大家的尊敬。

译文：He is greatly respected by everyone.

例3 我希望大会的各项决议终将得到各会员国,尤其是以色列的尊重。

译文：I hope, that the resolutions of the General Assembly will at last be respected by Member States and by Israel in particular.

6.将汉语中的"是……的"结构译为英语的被动句

汉语中的"是……的"结构用来说明一件事是怎样的,或在什么时间、什么地点做的,带有解释的语气。英译时,常常译为被动句。

例1 那部科幻小说是我的一个朋友译成中文的。

译文：The science fiction has been translated into Chinese by a friend of mine.

例2 这是中国共产党成立后,在以毛泽东为核心的第一代领导集体的领导下完成的。

译文：This was accomplished after the founding of the Communist Party of China and under the direction of the first generation of collectives leadership with Mao Zedong at the core.

7. 将汉语中的"把"字句和"使"字句译为英语的被动句

汉语中有一些"把"字句和"使"字句,根据表达的需要,可以译为英语的被动句。

例 1 把他们吓得魂不附体。

译文:They are scared out of their wits.

例 2 再经过十年的努力,到建党一百年时,使国民经济更加发展,各项制度更加完善。

译文:With the efforts to be made in another decade when the Party celebrates its centenary, the national economy will be more developed and the various systems will be further improved.

第二节 几类英语从句的翻译

一、定语从句

(一)限制性定语从句的翻译

限制性定语从句对所修饰的先行词起限制作用,与先行词关系密切,不用逗号隔开,翻译这类句子可以用以下方法。

第一,前置法。前置法就是将英语限制性定语从句译成带"的"字的定语词组,放在被修饰的词前面,从而将复合句译成汉语单句。这种方法常用于比较简单的定语从句。

例 1 Everything that is around us is matter.

译文:我们周围的一切都是物质。

例 2 That's the reason why I did it.

译文:这就是我这样做的原因。

例 3 A man who doesn't try to learn from others cannot hope to achieve much.

译文:一个不向别人学习的人是不能指望有多少成就的。

例 4 The few points which the president stressed in his report are very important indeed.

译文:院长在报告中强调的几点的确很重要。

第二,后置法。如果定语从句的结构比较复杂,译成汉语前置定语显得太长而不符合汉语表达习惯时,可以译成后置的并列分句。

首先,可以译成并列分句,省略英语先行词。

例 1 He is a surgeon who is operating a patient on the head.

译文:他是一个外科医生,正在给病人头部动手术。

其次,可以译成并列分句,重复英语先行词。

例2　She will ask her friend to take her son to Shanghai where she has some relatives.

译文:她将请朋友把她的儿子带到上海,在上海她有些亲戚。

第三,融合法。融合法是把原句中的主句和定语从句融合在一起译成一个独立句子的一种方法。

例　There is a man downstairs who wants to see you.

译文:楼下有人要见你。

(二)非限制性定语从句的翻译

英语非限制性定语从句对先行词不起限定作用,只对它加以描写、叙述或解释,翻译这类从句时可以运用下列方法。

第一,前置法。一些较短的且具有描写性的非限制性定语从句可以译成带"的"字的前置定语,放在被修饰词的前面。

例1　The emphasis was helped by the speaker's mouth, which was wide, thin and hard set.

译文:讲话人那又阔又薄又紧绷的嘴巴,帮助他加强了语气。

例2　He liked his sister, who was warm and pleasant, but he did not like his brother, who was aloof and arrogant.

译文:他喜欢热情快乐的妹妹,而不喜欢冷漠高傲的哥哥。

第二,后置法。后置法的处理主要有两种情况。

首先,译成并列分句。

例1　After dinner, the four key negotiators resumed the talks, which continued well into the night.

译文:饭后,四位主要人物继续进行谈判,一直谈到深夜。

其次,译成独立分句。

例2　They were also part of a research team that collected and analyzed data which was used to develop a good ecological plan for efficient use of the forest.

译文:他们还是一个研究小组的成员,这个小组收集并分析数据,用以制订一项有效利用这片森林的完善的生态计划。

(三)兼有状语功能的定语从句

英语中有些定语从句兼有状语从句的功能,在意义上与主句有状语关系,说明原因、结果、目的、让步、条件、假设等关系。在翻译的时候,应根据原文发现这些逻辑关系,然后译成汉语各种相应的偏正复合句。

1. 译成原因偏正句

例　Einstein, who worked out the famous Theory of Relativity, won the Nobel Prize in 1921.

译文：爱因斯坦由于创立了著名的相对论，于 1921 年获得了诺贝尔奖。

2. 译成时间偏正句

例 Electricity which is passed through the thin tungsten wire inside the bulb makes the wire very hot.

译文：当电通过灯泡里的细钨丝时，会使钨丝变得很热。

3. 译成目的偏正句

例 He wishes to write an article that will attract public attention to the matter.

译文：他想写一篇文章，以便能引起公众对这件事的注意。

4. 译成结果偏正句

例 There was something original，independent and heroic about the plan that pleased all of us.

译文：这个方案富于创造性，独具匠心，很有魅力，我们都很喜欢。

5. 译成让步偏正句

例 The question，which has been discussed for many times，is of little importance.

译文：这个问题尽管讨论过多次，但没有什么重要性。

6. 译成条件或假设偏正句

例 The remainder of the atom，from which one or more electrons are removed，must be positively charged.

译文：如果从原子中移走一个或多个电子，则该原子的其余部分必定带正电。

二、名词性从句的翻译

（一）主语从句的翻译

以 what，whatever，whoever 等代词引导的主语从句可按原文的顺序翻译。其中，以 what 引导的名词性关系从句可译为汉语的"的"字结构或在译成"的"字结构后适当增词。

例 1 Whoever did this job must he rewarded.

译文：无论谁干了这件工作，一定要得到酬谢。

例 2 What he told me was half-true.

译文：他告诉我的是半真半假的东西而已。

以 it 作形式主语的主语从句，翻译时根据情况而定。可以将主语从句提前，也可以不提前。

例 1　It doesn't make much difference whether he attends the meeting.

译文:他参加不参加会议没有多大关系。

例 2　It seemed inconceivable that the pilot could have survived the crash.

译文:驾驶员在飞机坠毁之后,竟然还活着,这似乎是不可想象的。

(二)宾语从句的翻译

以 what, that, how 等引导的宾语从句,在翻译时一般不需要改变它在原句中的顺序。

例　Can you hear what I say?

译文:你能听到我所讲的话吗?

(三)表语从句的翻译

同宾语从句一样,表语从句一般也可按原文顺序进行翻译。

例 1　This is what he is eager to do.

译文:这就是他所渴望做的事情。

例 2　That was how a small nation won the victory over a big power.

译文:就这样,小国战胜了大国。

例 3　This is where the shoe pinches.

译文:这就是问题的症结所在。

(四)同位语从句的翻译

一般情况下,同位语用来对名词或代词做进一步解释,单词、短语或从句都可以作同位语。在翻译时,并没有对同位语的顺序做过多规定,一般可以保留同位语从句在原文的顺序,也可以将从句提前。

例 1　It does not alter the fact that he is the man responsible for the delay.

译文:延迟应由他负责,这个事实是改变不了的。

例 2　He expressed the hope that he would come over to visit China again.

译文:他表示希望再到中国来访问。

此外,在翻译时,还可以采用增加"即"或"以为",或用破折号、冒号将同位语从句与主句分开的方法。

例 3　But it ignores the fact that, though pilots, we potentially were in as much danger of capture as any covert agent.

译文:但忽略了这一点,即我们虽说是驾驶员,却和任何潜伏的特务一样有被俘的危险。

三、状语从句的翻译

(一)时间状语从句的翻译

对于时间状语从句的翻译,这里以较为复杂的 when 为例进行说明。在翻译 when 的时间状语从句时,不能拘泥于表示时间的一种译法,要结合实际语境,采用不同的翻译方法。具体翻译方法有以下几种。

1.译为相应的表示时间的状语从句

例　When she spoke, the tears were running down.
译文:当她说话的时候,眼泪都流下来了。

2.译为"刚……就……""一……就……"结构

例　Hardly had we arrived when it began to rain.
译文:我们一到就下雨了。

3.译为"每当……""每逢……"结构

例　When you look at the moon, you may have many questions to ask.
译文:每当你望着月球时,就会有许多问题要问。

4.译为"在……之前""在……之后"结构

例　When the firemen got there, the fire in their factory had already been poured out.
译文:在消防队员赶到之前,他们厂里的火已被扑灭了。

5.译为条件复句

例　Turn off the switch when anything goes wrong with the machine.
译文:一旦机器发生故障,就把电源关上。

6.译为并列句

例　He shouted when he ran.
译文:他一边跑,一边喊。

(二)条件状语从句的翻译

1.译为表"条件"的状语分句

例1　If you tell me about it, then I shall be able to decide.
译文:如果你告诉我实情,那么我就能做出决定。
例2　Presuming that he is innocent, he must be set free.
译文:假如他是无罪的,就应当释放他。

2.译为表"补充说明"的状语分句

例　He is dead on the job. Last night if you want to know.

译文:他是在干活时死的,就是昨晚的事,如果你想知道的话。

3.译为表"假设"的状语分句

例 If the government survives the confident vote, its next crucial test will come in a direct vote on the treaties May 4.

译文:假使政府经过信任投票而保全下来的话,它的下一个决定性的考验将是 5 月 4 日就条约举行的直接投票。

(三)原因状语从句的翻译

1.译为因果偏正句的主句

例 Because he was convinced of the accuracy of this fact, he stuck to his opinion.
译文:他深信这件事正确可靠,因此坚持己见。

2.译为表"原因"的分句

例 The crops failed because the season was dry.
译文:因为气候干旱,农作物歉收。

(四)让步状语从句的翻译

1.译为表"无条件"的状语分句

例 No matter what misfortune befell him, he always squared his shoulder and said: "Never mind. I'll work harder."
译文:不管他遭受到什么不幸的事儿,他总是把肩一挺,说:"没关系,我再加把劲儿。"

2.译为表"让步"的状语分句

例 While this is true of some, it is not true of all.
译文:虽有一部分是如此,但不见得全部是如此。

(五)目的状语从句的翻译

1.译为表"目的"的前置状语分句

例 We should start early so that we might get there before noon.
译文:为了在正午以前赶到那里,我们应该尽早动身。

2.译为表"目的"的后置状语分句

例 He told us to keep quiet so that we might not disturb others.
译文:他叫我们保持安静,以免打扰别人。

第三节 英语长难句的翻译

英语中,由于连词、冠词、介词等功能词的作用和非谓语动词、谓语动词等结构形式的存在,英语句子的修饰成分相当复杂,可以是单词、短语,也可以是从句,而且这些修饰成分还可以一个套一个地使用。再加上英汉句子语序上的差异,如定语和状语修饰语的位置差异、句子的逻辑安排差异等,就使英语句子结构复杂,长句较多,有时一段可能只有一句话。对初学翻译的人来说,长句的确使人感到扑朔迷离,翻译起来无从下手。实际上,只要方法得当,长句的翻译并不难。

长句的翻译关键在于理解分析。一般来说,对长句的理解分析可采用以下步骤。第一,通过语法分析,判断出句子是简单句、并列句,还是复合句。第二,具体分析句子结构成分。如果是简单句,找出句子的主干部分、定语和状语;如果是并列句,找出连接句子的并列连词,然后再具体分析各个并列分句的结构成分;如果是复合句,找出从属连接词,分清主从句,然后再分别分析主从句各自的结构成分。这样,通过层层分析,将长句化繁为简,化整为零。翻译时,采用适当的方法,将长句用符合译语表达习惯的语言表达出来。但在表达时,需要注意英汉语言的差异,采用不同的翻译方法灵活处理原文的结构。

一、英语长句的翻译

英语长句的翻译主要采用以下几种方法。

(一)顺译法

有些英语长句讲述的内容是按事件或动作发生的时间先后顺序或内在的逻辑关系排列的,与汉语的表达习惯基本一致。翻译时,一般可按原句的顺序译出。

例 1 When the soft, low call of the wood-doves, those spirits of the summer, came out of the distance, she would incline her head and listen, the whole spiritual quality of it dropping like silver bubbles into her own great hearts. (Theodore Dreiser, *Jennie Gerhardt*)

译文:每当作为夏季精灵的斑鸠儿从远处发出柔婉呼声的时候,她总侧着脑袋倾听,那声音的全部精髓就跟银色的水泡一般落进她自己那颗伟大的心。(西奥多·德莱塞《珍妮姑娘》,傅东华,译)

例 2 One wretched breathless child, panting with exhaustion, terror in his looks, agony in his eye, large drops of perspiration streaming down his face, strains every nerve to make head upon his pursuers. (Charles Dickens, *Oliver Twist*)

译文:一个可怜的孩子,累得上气不接下气,神情充满恐怖,目光溢出痛苦,大颗大颗的

汗珠从脸上直往下淌,每一根神经都绷得紧紧的,为的是摆脱追捕的人群。(查尔斯·狄更斯《雾都孤儿》,荣如德,译)

例 3　After six months of arguing and final 16 hours of hot parliamentary debates, Australia's Northern Territory became the first legal authority in the world to allow doctors to take the lives of incurably ill patients who wish to die.

译文:经过六个月的争论以及最后 16 个小时的国会激烈辩论,澳大利亚北领地地区成为世界上第一个允许医生对想结束生命的绝症患者实施安乐死的合法政府机构。

(二)逆译法

英语中,有些句子的表达顺序与汉语的表达习惯不同,甚至相反,尤其是一些复合句,其主句一般放在句首,即重心在前。而汉语则一般按时间和逻辑顺序,将主要部分放在句尾,形成尾重心。对这些句子,翻译时宜采用逆序法,也就是从后向前译。

例 1　Does it really help society, or the victim, or the victim's family, to put in jail a man, who drove a car while drunk, has injured or killed another person?

译文:一个人酒后开车撞伤或撞死了另一个人,就将这个人关进监狱,这样做对社会、受害者或受害者的家庭是否真的有好处呢?

例 2　You must fix in mind the symbols and formulae, definitions and laws of physics; no matter how complex they may be, when you come in contact with them, in order that you may understand the subject better and lay a solid foundation for further study.

译文:为了更好地学习物理学并为进一步学习打好坚实的基础,当你接触到物理学上的符号、公式、定义和定律的时候,不论它们多么复杂,你也必须把它们牢牢记住。

例 3　In reality, the lines of division between sciences are becoming blurred, and science again approaching the "unity" that it had two centuries ago-although the accumulated knowledge is enormously greater now, and no one person can hope to comprehend more than a fraction of it.

译文:虽然现在积累起来的知识多得多,而且任何人也只可能了解其中的一小部分,但事实上,各学科间的界限变得模糊不清,科学再次近似于两百年前那样的"单一整体"。

(三)分译法

英语句子重形合,汉语句子重意合,这是英汉两种语言句子结构的根本差异之一。英语句子的各种成分前后都可有各种各样的修饰语,主从句之间有连接词,短语可以套短语,从句可以套从句,因而英语句子长而复杂。汉语造句采用意合,少用或不用连接成分,叙事按时间或逻辑顺序安排,因而语段结构流散,语义层次分明。这就使汉语中散句、松句、紧缩句、省略句或流水句较多,而长句较少。因此,英汉翻译时,往往需要根据意合的原则,改变原文的句子结构,化整为零,化繁为简,将原文译为并列的散句或分离的单句,以适应汉语的表达习惯,这就是分译法。分译法既适用于翻译单个的单词、短语,也适用于翻译简单句,还可以用来翻译长句或难句。

例 1　The number of the young people in the United States who cannot read is incredible——

about one in four.

译文:大约有四分之一的美国青年人没有阅读能力,这简直令人难以置信!(单词分译)

例2 The ancients tried unsuccessfully to explain how a rainbow is formed.

译文:古代人曾试图说明彩虹是怎样形成的,但没有成功。(单词分译)

例3 Bad weather prevented us from starting.

译文:天气太坏,我们无法动身。(短语分译)

(四)综合法

英语语言的表达习惯往往是将重点部分或概括部分放在句首,然后分析叙述次要部分。而汉语则往往从小到大,按时间或逻辑顺序,层层推进,最后得出结论,突出主题。因而在英汉翻译过程中,使用前面所讲的几种方法的确可以解决很多问题。但实际上,英语中有很多长句,如果纯粹运用顺译法、逆译法或分译法,并不能解决实际问题。那么,在这种情况下,更多的是根据具体情况,并结合上下文,将这几种方法结合起来,或按时间的先后,或按照逻辑顺序,顺逆结合,主次分明地对长句进行综合梳理,这种翻译方法称为综合法。使用综合法可以灵活变通长句语序,使译文的句法通顺自然,更符合汉语的表达习惯和中国人的思维表达方式。

例1 ①People were afraid to leave their house, ②for although the police had been ordered to stand by in case of emergency, ③they were just as confused and helpless as anybody else.

译文:尽管警察已接到命令,要做好准备以应付紧急情况,但人们不敢出门,因为警察也和其他人一样不知所措和无能为力。

[分析]原文共三句,译文将第二句拆分成两个分句,使译文共为四句。从逻辑上看,②句表示让步,③表示原因,①句表示结果。

例2 Rocket research has confirmed a strange fact which had already been suspected:there is a "high-temperature belt" in the atmosphere with its center roughly thirty miles above the ground.

译文:大气层中有一"高温带",其中心距地面约 48 千米,对此人们早就有个猜想,利用火箭加以研究后,这一奇异的事实得到证实。

二、汉语长句的翻译

汉语句子的特点是呈现话题—评述结构。也就是说,汉语句子由于其逻辑语言的特点和句子的表达以意尽为界,没有语法形式的限制,句子的评述没有结束,句子可以一直延续下去,其中的意思只用逗号分开,这样,句子就显得较长。而英语句子则不能这样,因为英语句子是主语—谓语结构。不管对主语的说明有没有完,一个句子有了主谓就可以断掉。因此,在翻译汉语长句时,应仔细分析汉语句子结构,弄清句中各层次间的逻辑关系,根据英语的表达习惯选择适当的翻译方法。

汉语长句一般采取顺译、断句和合句这三种翻译方法来处理。

（一）顺译法

当汉英叙述层次一致时,可按原文顺序翻译,在需要的地方加上适当的连接词语。

例 1　这种制度实行相当长时间的结果就是只有一小撮富裕的资本家千方百计(大多是不正当地)搜夺了大工业、银行、铁路和造船等的支配权,而且搜夺了大部分自然资源,如煤、石油、铁、铜和木材。

译文:The general result of this system's operation over a long period is that relatively a handful of rich capitalists have, by hook or by crook(most crook), grabbed possession of big industries, banks, railroads and shipping lines, as well as most of the nation's natural resources, such as coal, oil, iron, copper and lumber.

例 2　不一会儿,北风小了,路上浮尘早已刮净,剩下一条洁白的大道来,车夫也跑得更快了。

译文:Presently the wind dropped a little. By now the loose dust had all been blown away, leaving the roadway clean, and the rickshaw man quickened his pace.

（二）断句法

翻译汉语长句时,断句是最常用的一种方法。由于汉语长句多为复句,包含层次较多,逻辑复杂,所以翻译时可根据复句或句子间的逻辑关系,适当将句子分成几句来译,这样可以使结构利落,译文意思表达得更加清晰、明白,符合英语的表达习惯。

例 1　但他性情与人不同,不求名利,不交朋友,终日只是忙于自己的本职工作。

译文:He is, however, eccentric. He does not seek fame and gain, and does not like to make friends. Every day he is only engaged ill his own job.

例 2　世界上一些国家发生问题,从根本上来说,都是因为经济上不去,没有饭吃,没有衣穿,没有房住,工资增长被通货膨胀抵消,生活水平下降,大批人下岗和失业,长期过紧日子。(《邓小平文选》)

译文:Basically, the root cause for social unrest in some countries lies in their failure to boost their economy. Consequently they lack food, clothing and shelter, and their wage increases are offset by inflation. With a decline in living standards, widespread layoffs and unemployment, people have to suffer chronic hardships.

例 3　她(刘姥姥)此时又带了七八分酒,又走乏了,便一屁股坐在床上,虽说歇歇,不承望身不由己,前仰后合,朦胧两眼,一歪身,就睡在床上。(曹雪芹《红楼梦》)

译文:Being still more than half drunk and tired from the walk, she plumped down on the bed to have a little rest. But her limbs no longer obeyed her. She swayed to and fro, unable to keep her eyes open, then curled up and fell fast asleep.

（三）合句法

由于汉语缺少形态变化和足够的关系词,因而汉语组句只能依靠时间顺序和逻辑顺序来安排,行文也就一句一句地发展下去。而英语句子结构呈现叠床架屋结构,如果按汉语结构直译,那么译文就会成为一个一个简单的独立句,相互之间没有联系,这不符合英语句子的结构特征。因此,翻译汉语时,不能看一句译一句,要对几个句子从意思上一起分析,根据英语句子结构灵活多样的优势,将逻辑上有关系的几个句子合起来处理,译成一句比较精炼的英语句子。在汉语句子比较复杂,很难直译或破句时,常常采用合句手段来处理。

例 1 有个年轻人,名叫颜回,家里很穷,缺吃少穿,住的房子又小又破。

译文:There was a young man named Yanhui, who was so poor that his family lived in a small, dilapidated house with insufficient food and clothing.

例 2 经过多年的努力,我国已能用仅占世界百分之七的耕地,养活了占世界百分之二十二的人口,使十三亿人民基本解决了温饱问题。

译文:Now it has solved the problem of food and clothing to a point where it has managed to feed its 1.3 billion people, 22 percent of the world's total population, with only 7 percent of the world's cultivated land.

第八章　跨文化交际下的英汉语篇翻译

第一节　英汉语篇的特点

一、英汉语篇的共同点

自然语言的语篇,无论是英语还是汉语,都具有以下共同点。

(一)语义的连贯性

"完整语义"的语篇必须是一个语义单位,应合乎语法,语义连贯,有一个论题结构或逻辑结构,句子之间有一定的逻辑关系。语篇中的话段或句子都是在这一结构基础上组合起来的。一个语义连贯的语篇必须具有语篇特征,所表达的是整体意义。语篇中的各个成分应是连贯的,而不是彼此无关的。

例1　A:今天你上街去干什么? B:我上街去买衣服。

例2　A:今天你上街去干什么? B:他父亲是个医生。

例3　Fishing is Mark's favorite sport. She often waits for her sister for hours. But this is not my watch.

例4　Fishing is Mark's favorite sport. He often fishes for hours without catching anything. But this does not worry him.

例1中的一问一答从语义上看是连贯的,因而具有语篇特征。例2中的 B 句答非所问,因而不具有语篇特征,不是语篇。例3中三个分句虽然语法正确,但它们之间缺乏语义连贯,无法形成表达一定意义的整体,也就无法形成语篇。例4中三个句子衔接连贯,构成语篇。

（二）衔接手段相同

衔接是将语句聚合在一起的语法及词汇手段的统称，是语篇表层的可见语言现象。从语篇的生成过程来看，它是组句成篇必不可少的条件。在英汉两种语言中，语义的连贯都要靠种种衔接手段，即语篇组织（texture）。

（三）连贯和隐性连贯

以上衔接与连贯还可分为显性与隐性两种情况：显性是体现于词汇、语法、结构等语言表层形式的，隐性则是有赖于语境和语用因素蕴含的连贯。衔接是连贯的外在形式，连贯是衔接的内在意义，两者既统一（显性连贯），又不统一，即并非有衔接就是真正连贯的语篇，无衔接的也可能是真正连贯的语篇（隐性连贯）。总之，语义连贯是语篇的实质，种种有形的衔接是其组织形式。单有衔接而无连贯不是语篇，两者皆备是显性连贯，有连贯而无衔接是隐性连贯。这种情况英汉语概莫能外，但并非彼此对应，即英语的显性连贯译成汉语可能是隐性连贯，反之亦然。

连贯的语篇是思维连贯性的语言表现，思维的连贯性就是思维的逻辑性，这是人类理智的共同特征和功能，是人与人之间的交流沟通及双互译的根本保证。缺乏逻辑性或违背逻辑的任何语言符号既无意义，也产生不了真正的语言交际。因此，可以说，形成语篇的根本是逻辑，理解语篇的根本也是逻辑，一切语篇无不深藏着思维的逻辑。自然语言丰富多彩，种种语言变化无穷的语篇之所以具有共性和相通性，关键就在于逻辑的普遍性。明确这一点乃是分析语篇、理解语篇的基础，也是英汉语篇对比的基础。也只有明确这一点，才会明白，语义相同的语篇，其衔接与连贯的不同只是语言形式上的，只有把握其内在逻辑的一致，才能保证语义内容的忠实传达。

（四）文体的多样性

自然语言的千差万别可以归为文体、体裁、语体和风格的不同，包括口头与书面、正式与非正式、不同语域和区域性的语体分别，不同时代的文风差异，诗歌、散文、小说、论述、应用等各具特色的体裁划分，因人而异的不同风格。文体多样性在英汉语言中同样存在，它们的分类也大体相同。各种分类都能在译语中找到相对应的形式。

二、英汉语篇的基本差异

英汉语篇的基本差异有内在的思维和外在的衔接与连贯两个方面，内外相互影响，又相互独立。但一般说来，思维层面的差异是决定性因素。

首先，英汉语篇分别呈现直线形与螺旋式的特征，这从根本上讲是中西方各自重综合与重分析的思维习惯的体现。所谓直线形，就是先表达出中心思想，然后由此展开，后面的意思都由前面的语句自然引出。英语长句"叠床架屋"式的结构最典型地表明了这种思维逻辑。

例　But l would like to do the same with the acclaim too, by using this moment as a pinnacle from which I might be listened to by the young men and women already dedicated to the same anguish and travail, among whom is already that one who will some day stand here where I am standing. (W. Faulkner, *Acceptance Speech*)

译文：对于人们给予我的赞扬，我也想做出同样的回报，借此国际学界的最高盛会，请已献身于同样艰苦劳作的男女青年听我说几句话，因为在他们中间，将来站在我现在所站的讲台上的人已经产生了。

汉语的螺旋式是以"起、承、转、合"为典型的，先宣称主题之重要，然后展开反复论述，最后回归主题，并对它再三强调。其根本特征显然是重复，乃至不厌其烦地强调，即词语和结构的复现与叠加。简短的语篇也常见这种现象。英汉语篇思维逻辑的差异继而造成两种语言语篇衔接与连贯方式的不同。举例的译文中皆有体现。

其次，在语言构思方式和语言组织方式上，英语呈现形合特征，而汉语呈现意合特征。形合和意合的区别就是语篇连贯的隐显不同。英语形合指英语必须含有体现词汇语法的显性衔接，也就是从语言形式上把词语、句子结合成语篇整体。而汉语的意合则无须借助词汇、语法的衔接手段，仅靠词语和句子内涵意义的逻辑联系，或靠各种语境和语用因素，便能构成连贯的语篇。因此，英汉互译时，便常见隐显不一的情况。

例　When it came out in a newspaper interview that I said Nixon should resign, that he was a crook, oh dear, that fur flew.

译文：在一次记者采访时，我说了尼克松应该辞职，他是坏蛋的话。这一谈话在报纸上一披露，啊呀不得了啦，立刻就翻了天。

最后，英汉语篇的差异还体现在两种语言在思维上存在客体意识和主体意识的差别。中国人讲究天人合一、万物皆备于我，所以凡事凡物皆有很强的主体参与意识，语言表现多以"人"为主语。西方因注重个体思维，重理性的分析而执着于主客体分离和区别，所以一方面以"人"这个主体为主语，另一方面更多地抱客观审视的态度，以事物为主语，对其进行客观、冷静的剖析和描述，这就造成英汉语篇主语或重心的差异。

例　It has been mentioned that Rebecca, soon after her arrival in Paris, took a very smart and leading position in the society of that capital, and was welcomed at some of the most distinguished houses of the restored French nobility. (W. M. Thackeray, *Vanity Fair*)

译文：我曾经说过，瑞白卡一到法国首都巴黎，便出入上流社会，追逐时髦，出尽风头，连好些复辟后的皇亲国戚都和她来往。（威廉·梅克比斯·萨克雷《名利场》，杨必，译）

第二节 语篇翻译的衔接与连贯

一、衔接

(一)英汉语言语法的衔接

语法连接指借助构造句子的语法手段,即标示词语之间结构关系的因素来实现语篇的衔接和连贯,这些因素可以是具有语法功能的词语,也可以是词语的特定语法形式,还可以是无特定词语的纯结构形式。

1. 英汉语言语法连接的差异

(1)英语的语法连接具有明显的显性连贯,而汉语的语法连接接近于隐性连贯。英语的显性连贯借助形态变化和形式词,明显地标明词之间、词语之间、短语之间或小句之间等的语法关系。形态变化包括起构词作用的构词形态和表示语法意义的构形形态。英语有形态变化,而汉语中却没有严格意义的形态变化。英语中的形式词指用来表示词语间、句子中小句间和语段中句子间关系的起连接作用的词。英语中作为连接手段和形式的词不仅数量大、种类多,而且使用频繁,主要的连接手段和形式有介词、冠词、关系词(包括关系代词和关系副词)、连接词(包括并列连接词和从属连接词)和其他连接手段,如 it 和 there。汉语造句更注重隐性连贯,以意统形,少用甚至不用形式手段,靠词语与句子本身意义上的连贯与逻辑顺序而实现连接。

例 He boasts that a slave is free the moment his feet touch British soil and he sells the children of the poor at six years of age to work under the lash in the factories for sixteen hours a day.

译文:他夸口说一个奴隶从他的脚踏上英国土地的那一刻起就是自由的,但他却把穷人家六岁大的孩子们卖到工厂在皮鞭下干活,一天要劳作 16 个小时。

形态变化包括:名词的单复数(feet, children, years, factories, hours),谓语动词的时态、数以及语态(boasts, is, touch, sells),代词(he, his),冠词(a slave, the moment, the children, the poor, the lash, the factories, a day),介词(of, to, under, in, for),连接词(that, the moment, and),一致关系(he-his, he-boasts, he-sells, his feet-touch)。

(2)英汉两种语言在语法连接手段上都用语法手段,但各自所采用的具体方式有所不同。例如,英语的时体形式,在翻译时,汉语则要用替代方式。由于英汉语篇在语法衔接手段上存在差异,在英汉翻译时就需要恰当地进行语法连接手段的转换。英语(或汉语)用某种语法连接方式,翻译成汉语(或英语)则要靠词汇手段、逻辑手段或隐性连贯之类。

2.英汉语篇语法衔接的转换

(1)从时体形式上分析。英语的时体作为语篇衔接的语法手段。

例1　Roger has finished the thesis. Caroline arrived from New York.

译文:罗杰完成了论文。因为卡罗琳从纽约来到了他身边。

例2　Roger has finished the thesis. Caroline will arrive from New York.

译文:罗杰完成了论文。卡罗琳将从纽约来看他。

(2)从替代关系上分析。所谓替代,指用词语代替前文的某些词语,但不是指称性的一致关系,而只是具有同等或类似语义。替代主要包括名词替代、动词替代和分句替代。替代在英汉语中都存在,且往往互相对应。但互不对应难以照译时,需要借助其他衔接或连贯手段。

例　A:I'll have a cup of black coffee with sugar, please.

B:Give me the same, please.

译文:A:劳驾,我要一杯加糖的清咖啡。

B:请给我也来一杯。(试比较:请给我也来同样的。)

(3)从省略关系上分析。省略是用词汇空缺的方式来达到上下文衔接的目的。语篇分析中常将省略分为三类:名词性的省略、动词性的省略和分句性的省略。这三类省略多数是出于语法结构的需要。语法结构上的省略是英汉语篇衔接的常见形式。无论是英语还是汉语的语法结构上的省略,若无法忠实照译,都是以目的语的词语重复或替代来解决问题。但名词性省略一般英汉语是一致的。

例　Take these pills three times a day. And you'd better have some of those too.

译文:这些药片一天吃三次。还有那些也最好吃一点。

汉译英中要特别关注的省略现象是汉语零位主语的问题。汉语的零位主语是汉语中的一种普遍现象,与英语中的省略并非完全一回事。这是因为汉语不是主语突出的语言,组词成句是围绕主题而展开的。所以,汉语中主语有时无须出现,而读者自明。这时,汉译英就需要填补上。

(二)英汉语言词汇的衔接

词汇连接指的是语篇中出现的一部分词汇相互之间在语义上的联系,或重复,或由其他词语替代。词汇连接是运用词语达到语篇衔接目的的手段,包括语义的重复再现和各种指称关系。英汉语篇的词汇衔接手段不仅总的具体方式完全相同,而且几乎都能够对应照译,特别是在语义重复方面。但也有不一致的地方,尤其在指称照应方面,不同多些。

1.语义重复

语义重复指运用同义词、近义词、上义词、下义词、概括词等构成的词汇链。它包括完全相同的语义词汇的直接重复,具有各种语义关系的词的同现,以及具有因果、修饰等组合搭配关系的词的同现。

例 The recovery of organs does not begin until after the heart stops beating and death is certified by a physician not affiliated with the transplant program.

译文:器官的复原,应在心脏停止跳动,死亡已被与器官移植无关的医生证明之后,才能进行。

2. 指称照应

指称照应是语篇衔接的重要手段,涉及人、物、事、时间、地点和词语等一切方面,既有对外部现实世界的外指,又有对语篇内语言要素的内指,既有回指,又有下指。指称照应是为了语篇上下文的照应,形成一个照应性的系统,即一个意义完整、有机统一的语篇。英汉语在指称照应上的差异主要体现在人称指称和指示指称上。就英汉翻译而言,人称指称和指示指称是最具实践和理论价值的语篇现象。

人称照应在有些上下文中是至关重要的,尤其是英译汉。如果理解不正确,译文就会出现错误。

例 1 The patient shook her head and stretched out her hands towards the baby. The doctor put it in her arms. She kissed it on the forehead.

译文:病人摇了摇头,把手向婴儿伸去。医生将孩子放到她怀里,她吻了吻孩子的前额。

例 2 There are two classes of people: the selfish and the selfless; these are respected, while those are looked down upon.

译文:世上有两种人,自私者和忘我者;忘我的人受到尊敬,而自私的人则遭鄙视。

(三)英汉语言的逻辑衔接

逻辑连接的差异是语篇内深层次的最普遍的连接,是保证语篇的必备条件之一。逻辑连接也有显性与隐性之分。显性逻辑连接指使用了 and, but, then, for 等连接语的衔接。隐性逻辑连接指那些不使用连接语而靠语用、语境等实现的连接。就英汉语比较而言,逻辑关系总的来说是英汉相通的,即时空、因果、转折和表示相类同的推延等基本的逻辑关系是一致的。但是英汉语的逻辑关系有时也有差异,如英语的时空关系,汉译时常改为因果关系,反之亦然。总的说来,由于英汉连接语的差异和逻辑关系显性与隐性的差异,英汉翻译时,译者应选择正确的逻辑连接词或连接语,或隐或显,以使译文符合译语的表达习惯。

例 1 Where there is a will, there is a way.(空间关系)

译文:有志者事竟成。(条件推断)

例 2 When Mr. Brooker, who had a license to carry a gun, drew his pistol to try to stop the robber, one of them fired a shot that killed him.(时间关系)

译文:布鲁克先生有执照,可以带枪,便拔出枪来想阻止这伙强盗,可是一个家伙一枪把他打死了。(转折关系)

二、连贯

在翻译中,如果一句一句孤立地看,有些译文似乎问题不大,但从通篇或整段来看,译文却犹如断线残珠,四下散落,没有贯穿连成一气的逻辑线索或脉络。究其原因,主要是忽视了原文中或明或隐的连贯性,没有在翻译中采取相应的连接和连贯手段,使译文不能成为一气呵成的有机整体。由此可见,连贯性在翻译中起着非常重要的作用。连贯是语篇中语义的关联,连贯存在于语篇的底层,通过逻辑推理来达到语义连接。它是将词语、小句、句群在概念和逻辑上合理、恰当地连为一体的语篇特征。连贯的语篇有一个内在的逻辑结构从头到尾将所有概念有机地连接在一起,达到时空顺序明晰、逻辑层次分明的效果。

实际上,连贯总是和衔接密切相关的,它们都是构成语篇的重要特征之一。但这两个概念也有区别。衔接是通过词汇和语法手段得以实现的,而连贯可以借助信息的有序排列来达到。要实现语篇连贯,通常采用"明显"和"隐含"两种方法。前者与语篇的衔接有关,指运用词汇手段,如连接词,来形成连贯标志;后者指信息的合理排列,这是一种无标志的连贯。试比较下面的例子,看看各自语篇的连贯是如何实现的。

例　Swiveling from languor to ferocity, from sorrow to sarcasm, from command to confusion, Pryce is a Hamlet for our time of cosmic jitter and colliding antitheses.

译文:普赖斯扮演的哈姆雷特,性格不断变化:一会儿心灰意冷,一会儿狂暴凶煞;一会儿满腔愁绪,一会儿讽世讥俗;一会儿镇定自如,一会儿无所适从。他是我们这个高度紧张、激烈冲突时代的哈姆雷特。

在翻译过程中,译者最终提供给读者的是怎样的一个语篇,完全取决于译者对原文语篇内容的理解、结构的认识及译语语篇的构建能力。从语篇连贯性而言,译者首先要充分把握原文,认清原文的逻辑层次和脉络,也就是说要对原文语篇的连贯结构有明确的分析和把握,这是保证译文具有连贯性的前提。其次,在对原文语篇连贯结构充分理解的基础上,译者要依照译文的连贯模式和规律对原文语篇进行重新构建。

译文连贯不当可表现在词或词组、句子内或句群内。

例　That night he sat alone during dinner, careful, he later told us, not to "get in love's way". But he glanced often in our direction, and we knew he was not alone…(Philip Harsham, *Hello, Young Lovers*)

译文1:那天晚餐时,他一直独自坐着,小心翼翼地,后来他告诉我们,那是为了"不妨碍别人谈情说爱"。可是,他不时朝我们这边瞟上一眼,我们知道他并不孤独……

译文2:那天晚餐时,他一直独自坐着,尽量"不妨碍别人谈情说爱"(那是他后来告诉我们的)。可是,他不时朝我们这边瞟上一眼,我们知道他并不孤独……(菲利普·哈沙姆《你们好,相爱的年轻人》,谷启楠,译)

[分析]原文中的两句话是靠"but"连接起来的,而且第一句中的"he later told us"明显是一句插入语。翻译时,如果处理不当,必然影响读者对两句之间关系的理解。译文1混淆了时间概念,会让读者以为"可是……"一句的动作不是发生在"那天晚餐时",而是发生在"后来"。译文2将原文的插入语放入括号内,加强了两句的联系,也避免了时间概念上的

混淆。

总之,翻译过程不仅是一种语言符号的转换过程,也是逻辑关系的转换过程和连贯结构的重新构建过程。从本质上看,这一过程涉及思维的转换过程,即译者的思路要经历一个从原文连贯结构到译语连贯结构规范的转换。这种转换体现着两种语言、两种文化的思维定式的对应、对照甚至冲突,这就需要译者在思维方式上进行调整、变通,并把这种调整在译语语篇的连贯结构中具体体现出来。

第三节　英汉应用文体翻译现状及策略

应用文体并非专指某一种文体,而是指一种特定的文体类别。一般来说,应用文体是与文学文本相对应而存在的文体,或称为"非文学文体"。刘宓庆先生认为:"举凡公函、书信、通知、请柬、启事、通告、海报、广告、单据、契约、合同以及迎送词、协议书、备忘录、商品说明书等都属于应用文之列。"方梦之先生认为,公函、书信与合同、协议、通知、电报、演讲等均属应用文体。概言之,应用翻译内容广泛,涉及除文学及纯理论文本外的各个领域,如政治、经济、法律、旅游、科技和文化等内容。

一、应用文体翻译概述

翻译不仅要译出原文的意思,而且要译出原文的文体风格,翻译家应具有独特的风格。对此,王佐良先生曾认为:"似乎可以按照不同文体,定不同译法。例如,信息类译意,文艺类译文,通知、广告类译体……所谓体,是指格式、方式、措辞等,须力求符合该体在该语中的惯例,不能'以我为主',把商品广告译成火气甚重的政治宣传品等。"关于文体与翻译问题,林煌天认为:"无论从理论上讲,还是从实践的角度看,译家都应具有自己的风格。"从翻译理论角度看,译者要传达原作的思想时,必定会使用两种不同的语言,因而在翻译的过程中不可避免地会受到多种因素的制约。其中,最重要的两个制约因素:第一,"译者对原作所表达的'思想'的理解的程度、精确性和方式";第二,"译者把理解所得转换成自己熟悉的语言时,往往会不自觉地体现译者自己的个性特色"。作为主体的译者在翻译的过程中,不仅会自然或不自然地在理解原文时流露出自己的个性,而且会在具体表达时显示出自己的个性,这就是译者风格形成的理论基础。从翻译实践的角度看,我国现代和当代翻译史上的大家无一例外地都具有自成一家的风格。比如,"鲁迅的译文凝重洗练;朱生豪的译笔浑厚畅达,气势磅礴;傅雷的译文则圆熟流畅,干净利落;巴金的译文则明白晓畅,文气自然"。

基于此,在翻译教学和实践中,我们有必要注意文体的问题。概言之,"译者只有熟悉英汉各种文体类别的语言特征,才能在英汉语言转换中顺应原文的需要,做到量体裁衣,使译文的文体与原文的文体相适应,包括与原文作者的个人风格相适应"。

一般说来,文体风格不仅包括因时间、地理、阶级、性别、职业、年龄、情景等所引起的语言变体,如各种方言、正式用语、非正式用语等,还包括各种体裁的作品,如应用文体、科技文体、论述文体、新闻报刊文体等。

关于翻译的标准问题,国内外学者已有不少讨论。英国学者泰特勒曾提出忠实、风格一致和通顺的标准。我国著名翻译家严复曾提出"信、达、雅"三项标准。范仲英曾指出翻译的原则即"传意性、可接受性及相似性"三个标准,或称为"翻译三要素"。辜正坤早在1982年就曾提出"翻译标准多元互补论"的标准。这些标准从宏观的角度阐释了翻译的原则,对一般翻译都有指导和借鉴意义。但就各类文体的翻译而言,我们首先需要了解各类文体的语言特点,并据此制定一套行之有效的英译汉的原则。

二、英汉应用文体翻译的现状

德国著名翻译理论家威尔斯(Wolfram Wilss)指出:"要说当今有多少人从事翻译,搞文学翻译的人少得再也不能少了,翻译人员大多在交际领域的各个层面。"这里,威尔斯提到的交际领域的翻译即指应用翻译。在《非文学翻译理论与实践》一书中,李长栓援引奈达和纽马克的说法指出:"文学翻译在全部翻译中所占的比例不超过5%……诗歌的翻译仅占全部翻译的0.5%。"可知,应用翻译在整个翻译活动中的比重是非常高的。

我国的翻译产业,尤其是应用翻译产业已进入高速发展期。根据香港中文大学陈善伟教授的研究,香港从事文学翻译的只占4%左右,绝大多数人从事翻译实务,即应用翻译。

国际译联第十五届大会得出一个结论:世界翻译市场发生了重大变化,翻译工作与信息收集结合,它的范围扩大了,科技翻译、经贸与法律翻译占越来越大的比例。

方梦之教授对我国应用翻译近30年取得的成就进行了梳理,涉及科技、经贸、旅游、医学、政经、新闻、法律、社科等门类的翻译研究成果,研究范围包括翻译理论、翻译标准、翻译方法与技巧等,同时指出了应用翻译研究存在的问题,如翻译研究还滞后于实际需求、学科建设仍然是今后一个时期的重要任务。

三、功能目的论与英汉应用文体翻译

曹明伦教授认为:"人类的主动行为都有其目的,翻译行为自不例外。但翻译行为毕竟是一种特殊的人类主动行为,因此其目的也必然具有特性。"德国"功能翻译论"(Functional Approach to Translation)代表人物诺德(Christine Nord)从功能的角度将翻译定义为:"翻译是创作使其发挥某种功能的译语文本。它与其原语文本保持的联系将根据译文预期或所要求的功能得以具体化。翻译使由于客观存在的语言文化障碍而无法进行的交际行为得以顺利进行。"在这个定义中,诺德认为:"原文和译文之间必有一定的联系,这种联系的质量和数量由预期译文功能确定,它也为决定特定语境的原文中哪些成分可以'保留'或必须根据译语语境进行调整甚至'改写'(包括可选择的和必须进行的改写)提供了标准。"目的论的代表人物弗米尔认为,"要以文本的目的(Skopos)为翻译的第一准则",他把翻译看作特定情况下的某种"有意图、有目的的行为"。尽管"功能目的论"可以用来指导文学翻译和应用翻译,方梦之教授认为"相比较而言,它(功能目的论)对应用类语篇的指导作用更为明显"。

纽马克根据文本不同的内容和文体把文本功能划分为表达功能(expressive function)、信息功能(informative function)和呼唤功能(vocative function)三种。以表达功能为主的文本主要包括文学作品、散文、自传、个人信件等,其目的在于表情达意,将个人的感情表达出来。以信息功能为主的文本包括非文学作品、教材、学术论文、报纸杂志上面的文章等,其中心是涉及语言之外的现实世间的现实生活。以呼唤功能为主的文本旨在呼吁、号召读者采取行动、去思考、去感受,这类文本通常涉及通知、宣传、口号和广告等内容。

从语言用途的角度划分,应用翻译属于"特殊用途英语"(English for Specific Purposes, ESP)的范畴。"专门用途英语是现代英语的一种变体,涵盖的语篇体裁非常广泛,几乎包括了除文学诗歌类语篇之外的所有体裁。"

四、英汉应用文体翻译的策略

关于应用翻译的原则和标准,方梦之教授曾指出"应用文体包罗广泛,不同的次语域具有不同的特点。信息性、劝导性和匿名性是绝大多数应用语篇具有的主要特点。根据不同的问题特点及翻译委托人的要求,应采用不同的翻译策略"。他还在 2007 年提出了应用翻译的三条原则——达旨、循规、共喻,从翻译理论的层面和高度提出了应用翻译需遵循的原则和采用的标准。吕和发认为方梦之教授提出的这三个原则"在更大范围上提高对应用翻译实践和研究的适用性,提高理论的概括力和解释力,达旨——达到目的、传达要旨,循规——遵循译入语规范,共喻——使人明白晓畅。三者各有侧重,互为因果"。

林克难教授经过多年的翻译教学潜心研究,提出了应用翻译"看、译、写"的三原则。这三个原则的核心就是"译者应多读各种各样的应用英语的真实材料。'看'是英语翻译的基础;'译'即参照同类英语材料的写作格式、专门用语及表达方式,把想表达的内容要点译出来;'写'就是译者根据相关文体的格式用目的语把原文书写出来"。"看、译、写"从翻译过程的角度,对应用文体的翻译进行了较为具体的阐释,不失为应用文体翻译的一种方法。

林戊荪教授就应用翻译面临的新形势提出了应用翻译的"专业化、信息化、网络化"的原则,重点指出了应用翻译在经济全球化、信息快速传播和因特网日益普及的今天的发展方向。

为了进一步加强应用翻译的研究、提高应用翻译的理论和实践水平,黄忠廉教授指出"建立应用翻译学可能且可行,已有可观成果,亦可持续研究。本学科的建立可以提升并解释译艺,上可升华为基本理论,下可直接指导实践,奠定译学基础。应用翻译学的分立研究将升华整个译学研究。"他曾呼吁创建应用翻译学。可见,加强应用翻译研究具有非常重要的意义。

尽管不同文体会有不同的语言特征,但对译者来说,首要的还是要实现原作的"文本目的",减少读者的"理解成本",即要"让不懂原文的读者通过译文知道、了解甚至欣赏原文的思想内容及其文体风格"。而要实现这一目的,就必须追求目标语文本与源语文本之间的意义之相当、语义之相近、文体之相仿、风格之相称。这里的"文体之相仿、风格之相称"是应用文体翻译过程中必须解决的问题。

第九章　跨文化交际下的英汉修辞转换

第一节　英汉修辞格的特点

英语中对修辞的定义：The art of using words in speaking or writing so as to persuade or influence others. 其明确将修辞看作"在演讲或写作中为说服或影响别人而使用词的艺术"。在古代西方，演讲人为了吸引听众而讲究用词艺术，以提高演讲的效果，这种演讲的传统自古传今。在诗学及修辞学中，西方人明确提出了比喻等修辞手段和风格的概念。

西方的古代哲学家、语言学家，尤其是近现代的哲学家、语言学家都从各自的研究领域或方向对语言的修辞给予了一定的阐述，或将其意思隐含在其表述中。例如，英国哲学家奥斯汀创立的言语行为理论中有一条是言外行为，它是指以言行事，即表明说话是为了达到影响他人或约束自己的目的；美国哲学家格莱斯创立的合作原则中有一条准则是关联准则，它要求说话人语言要贴切；美国语言学家派克从语调的意义出发将说话人在词义之外对话语所加的态度和感情看作修饰句子或短语的词汇意义等。国内的一些学者也从不同的角度对修辞的特性进行了阐述，如修辞是言语行为，言语行为的目的是交流。交流是为了信息和情感的互动，互动就是在平等的基础上的沟通，沟通就要对话。吕熙先生将修辞浓缩为语言的准确、鲜明、精炼、生动、深刻等。

中文"修辞格"这个术语可以追溯到1923年，当年唐钺先生著的《修辞格》出版发行。1932年，在陈望道《修辞学发凡》一书中将此术语广泛使用，并使之推广。那么，从修辞的结构上看，其特点与种类分为四种。

第一，描述体描述对象体。所谓描述体是对对象体表示形象的修辞体，对象体是被描述的对象。

第二，换代体换代本事体。所谓换代体是一种从正面、侧面、反面临时换代本事体的修辞体，本事体是固有的、隐而未说的、与换代体在内容上相同的修辞体。

第三，引导体引导随从体。所谓引导体是指两个或两个以上的修辞语句的先行语句，随从体是引导体的随从,受引导体的引导和支配。换句话说,引导体怎么引导,随从体就怎么随从。

第四,变形体变形原形体。所谓变形体是通过增加或减少等手段,对原形体给以结构形式的变化,不是变得面目全非,而是对原形体给以全部、部分形式的保留。原形体是指原有语句结构未经任何改变的修辞体。

以上四点将辞格的基本特征、特点、内容全部涵盖在内,比较全面地反映了修辞格的各种结构形式。

从特性上看分为三种:具有动人的表达效果;具有特定的结构模式;具有稳定性、发展性。

综览中外语言修辞特点,其共同点为化平淡为新奇,化呆板为鲜活,化枯燥为生动,化冗杂为洗练,化晦涩为明快,化一般为艺术,激发联想,唤起美感,娱人耳目,增强表现力、说服力和感染力,做到语言形式与表现内容完美、和谐地统一。

第二节　常用修辞格的翻译运用

一、比喻（Metaphor）

比喻分为明喻(simile)、暗喻(metaphor)和借喻(synecdoche)。它由三个要素组成:本体,指被比的事物;喻体,指用来做比的事物;喻词,指连接本体与喻体的词。明喻就是两者之间存在着明显的比喻,用像、好像、仿佛、像……一样等字眼来表示。暗喻就是两者之间的关系不太明显,看不出是在打比方,而实际上是在打比方,常用是、就是、等于等词来表示。借喻是用喻体来比喻。

英语修辞中的称谓与汉语的略有不同,不能完全一对一地对照着使用,英语的simile(明喻)与汉语的明喻基本相同,都是用某一事物或情境去比喻另一事物或情境。在英语的simile 构成中,三个要素也是缺一不可的,即本体(subject 或 tenor)、喻体(reference 或 vehicle)、喻词(indicator of resemblance)。英语的喻词用 as,like,as…as…等。比如,"as gay as a lark"像百灵鸟一样快活,"as sudden as an April shower"像四月的阵雨一样突然。

但英语里的 metaphor(隐喻)兼有汉语中的暗喻和借喻的特点,即均将甲物当作乙物来比喻,表达方式为:甲是乙。比如,"a rat leaving a sinking ship"不能共患难的人,"a rat in a hole"瓮中之鳖,"a black sheep"害群之马,"a snake in the grass"潜伏的危险,"a bull in a china shop"莽撞闯祸的人,"make a duck's egg"得零分,"wake a sleeping wolf"自找麻烦,"hold a wolf by the ears"骑虎难下,"keep the wolf from the door"免于饥饿(勉强度日),"rain cats and dogs"倾盆大雨。

例 1　I was shaking all over, trembling like a leaf.

译文:我像风中的落叶一样浑身发抖。(明喻)

例 2　She is shedding crocodile tears.

译文　她在假慈悲。(借喻)

除以上三种主要的比喻形式外,汉语里还有一些英语里没有的其他比喻形式,如较喻、层喻、互喻、引喻、反喻、迁喻等,这些比喻形式是在原有三种比喻的基础上稍加变更而来的。

二、比拟(Analogy)

比拟分为拟人(personification)与拟物(plantification)两种。拟人是将人以外的事物当作人去写的手法;而拟物则相反,是将人作为物或把一种事物当作另一种事物去写的手法。

英语中的拟人与汉语中的拟人相同,都是将事物赋予人的动作、言行、思想及情感,但英语中的拟物是通过象征(symbolize)来表现的。

例 1　田里现在还只有干裂的泥块,这一带现在是桑树的势力。

译文:The unplanted fields as yet were only cracked clods of dry earth; the mulberry trees reigned supreme here this time of the year. (拟人)

例 2　The crocodile in the river thought hard and finally he had an idea.

译文:河里的那条鳄鱼冥思苦想,最后终于想出了个主意来。(拟人)

例 3　Mark my words, the first woman who fishes for him, hooks him.

译文:瞧着吧,不管什么女人钓他,他都会上钩。(拟物)

三、借代(Metonymy)

顾名思义,借代就是借那些与人或事物有密切联系的事物来指代人或事物的一种修辞手法。由于借代在代表某类人和事物时具有独特的、明显的或典型的特征,故提到这类人或事物时,人们就很自然地联想到它所指代的另一类人或事物。英语中表示借代修辞的方法通常通过换喻(metonymy)或借喻法(synecdoche)来表现。

例 1　The pot shouldn't call the kettle black if it's got soot itself!

译文:要正经,除非自己锅底没有黑。

[分析]此句用"锅底"代历史行为,用"黑"代污点、不检点。

例 2　He was promoted from the grey-collar to the white-collar in the shortest time last month. (换喻)

译文:他仅用了一个月时间从灰领晋升到白领。

[分析]句中用 grey-collar 指代从事服务业的职员,通称灰领;white-collar 指脑力劳动者,通称白领。前者属服务行业工人,后者属机关职员。

四、夸张(Hyperbole)

夸张是指对事物的全部或部分进行过分的、言过其实的描述,这样做是为了突出或夸大某事物以吸引对方或炫耀自己。当然,夸张不只是一味地夸大,也有相反的情况,对某事进行缩小的描述。英语的夸张与汉语的夸张意义相同,都是突出事物的本质以给人留下深刻印象。

例 叶子和花仿佛在牛乳中洗过一样。(朱自清《荷塘月色》)

译文:The lotus leaves and flowers seem to he washed milked.

[分析]用"牛乳"来夸张,叶子和花不是在一般的水中洗过,而是在牛乳中洗过,以此来增强读者对月色下荷塘里的叶子和花的感受与印象。

五、对比(**Contrast**)

对比是指通过语言将客观事物中相互对立的矛盾体、对立面再现的过程。恰到好处地运用对比的修辞手法能增强文章的色彩,在对比中突出事物的特征、本质。英语中的对比也是将两个正反方面或一个事物相互对立的方面放到一起描述的过程,要求作者在运用此修辞时应遵循对立、对仗等特征。"它对仗工整,锦心绣口;意境高远,自然成趣,增进文章的华彩。它音节匀称,分量相当,看起来平均均衡,听起来和谐悦耳,使人产生一种稳当、愉快、完美的感觉,符合美学的均衡原则。"(吕煦《实用英语修辞》)

例1 United we stand, divided we fall.

译文:合则存,分则亡。

[分析]united 与 divided 相对比,stand 与 fall 相对比。

例2 Work has a bitter root but sweet fruit.

译文:工作有苦也有甜。

[分析]bitter 与 sweet 相对应,root 与 fruit 相对应。

六、反语(**Irony**)

反语就是用意义完全相反的词语表达原本想表达的意思。此修辞格在中英两种语言文化中意义相同。人们通常正话反说,或反话正说,不过英语的反语比汉语的含义广些。这是因为英语里除人们常用的语言反语(verbal irony)外,还包括戏剧反语(dramatic irony)和情景反语(situational irony),它们是戏剧表演上的反语修辞,已超出人们所谈的修辞格范围。例如,鲁迅先生是运用反语的大师,在其散文《藤野先生》里开门见山地在第一自然段就针对清朝政府派往日本的那些富家浪荡子弟的丑态运用反语形象地勾画了出来,让人一看便知道此语不是赞美之词,而是讽刺之语,它是通过反话正说的手法表达出来的。全段如下:

例1 东京也无非是这样。上野的樱花烂漫的时节,望去却也像绯红的轻云,但花下也缺不了成群结队的"清国留学生"的速成班,头顶上盘着大辫子,顶得学生制帽的顶上高高耸起,形成一座富士山。也有解散辫子,盘得平的,除下帽来,油光可鉴,宛如小姑娘的发髻一般,还要将脖子扭几扭。实在标志极了。

译文:Tokyo was not so extraordinary after all. When cherry blossom shimmered in Ueno, from the distance it actually resembled light, pink clouds; but under the flowers you would always find groups of short-term "students from Ching Empire", their long queues coiled on top of their heads upraising the crowns of their student caps to look like Mount Fujiyama. Others had undone their queues and arranged their hair flat on their heads, so that when their caps were removed it glistened for all the world like the lustrous locks of young ladies; and they would toss their heads too. It was really a charming sight.

英语中的反语运用需要读者根据上下语境来进一步解读。

例 2　A：The boy has broken another glass.

B：A fine thing.

译文：

A:这男孩又打碎了一个杯子。

B:打得好呀!

［分析］本来这段对话中 A 说话时是带着某种埋怨并希望 B 能批评孩子，没想到 B 却反其道而行之，不但 A 没有得到 B 的响应，反而 B 说出 A 意想不到的话来。此时，A 并未理解 B 说话的意思，B 是故意用反话来回应 A。事实上，B 并不是听到 A 说男孩打碎杯子而真的高兴，不是真的打心眼里看着孩子打碎东西而快活，B 只是说气话，这种气话是通过反语正说的方式来表达的。

七、双关（Pun）

双关是指一个词语或一句话涉及两个方面的意思，一个是表面词语的意思，另一个是其隐含的意思。运用双关修辞格往往是以其隐含意思来展示其想表达的意思及意图，即言在此而意在彼。运用得当会使语言生动有趣。英汉语中的双关都可分为谐音双关（homophonic puns）和语义双关（homographic puns）两种。谐音双关是将词义不同的谐音词组合在一起的修辞用法。语义双关是指根据一词多义的特点而构成的双关。

例 1　On Sunday they pray for you and on Monday they prey on you.

［分析］这句英语用了"pray（祷告）"和"prey（榨取、掠夺）"两个词谐音双关。但译成中文时如何译，是译成表面意思，还是译成隐含意思呢? 两者是有很大区别的，语义感是不同的。第一种译法是从词的表面意思上翻译，即"周日（今天）他们为你祷告，周一（明天）他们就向你榨取"。第二种译法我们取其义翻译，即"他们满嘴的仁义道德，背地里却男盗女娼"。从语感上看，第一种译法显然不如第二种译法强烈，第二种译法给读者的感觉更深刻、逼真，直截了当地揭开了伪善者的面纱，向人们揭露了他们的真面目。"因此，双关语的翻译常使译者头痛终日，仍难求一解。有时可借用原文的词语，有时要变通处理，或增添译注，或改用其他等值的双关。"（邱述德《英语歧义》）

例 2　Flying planes can be dangerous.

译文 1:正在飞行的飞机是危险的。

译文 2:驾驶飞机是危险的。

例 3　They called John a teacher.

译文 1:他们为约翰叫了一位老师。

译文 2：他们称约翰是一位老师。

八、婉曲（Euphemism）

婉曲也称委婉，是以转弯抹角的方式来暗示说话人原本的意思，而不是直接说出事情或人物的本质。不同的人在使用委婉时所表达的效果是有差异的，有的人想借此增加语言的力量，有的人是为了不伤及他人或对方而采用委婉，这样对方可在一定程度上接受其观点。汉语的婉曲可分为婉言和曲语。英语中的委婉语通常是说话人不以令人尴尬的语言或粗鲁的语言，而是以含蓄的、温和的语言表达其原意。

例 1　His mother passed away last night.

译文：他母亲昨晚去世了。

［分析］短语 pass away 就是 die 的委婉语。说话人在此不是用 die 直接表达，而是以间接的、委婉的、让对方能够接受的语言来表述这一事实。

例 2　Millions of heroes have laid down their lives for the liberation of mankind.

译文：无数英雄志士为了人类的解放事业献出了生命。

［分析］短语 lay down one's life 表示牺牲某人的生命，为人类的解放而献身，比直接说死好听得多、委婉得多。

九、拈连（Zeugma）

拈连指说话者将适用于某人的词语顺势用在另一人身上。它分为全式拈连和略式拈连。这种修辞格在汉语文学作品中广泛运用，与英语 zeugma（轭式搭配）相同。英语轭式搭配是用一个形容词来修饰两个名词，或一个动词支配两个名词，把原本相互不关联的词语联在一起以表示一个更深刻的含意，增强语言的感染力。

例　He caught a cold and a bus.

［分析］在此句中，感冒与公共汽车本是不相干的两个方面，但用 catch 这个词将它们串联起来，以幽默的笔触勾勒出他是个弱不禁风的人，费了好大的劲才赶上了公共汽车，但由此得了一场病。如果此句以中文的拈连法翻译，即"他赶上了公共汽车，所以也就赶上了一场感冒"。用"赶上"将两件事连在一起，而第二个"赶上"则是信手拈来的，表现出作者的匠心及诙谐的笔调。不过，我们注意到，英语搭配的特点是，动词后有两个名词，而且都搭配得顺畅，构成一种自然组合，但并非所有的组合都是这样。例如，"weeping eyes and hearts"不能直译为"流泪的眼和心"，这时，采用并列成排比的译法比较合适，即"一双双流泪的眼睛，一颗颗哭泣的心灵"。

十、对偶（Antithesis）

对偶指将意义相关、结构相同、上下字数相等的部分对称地排列在一起以表示一个完整的意思。中文里的对偶要求出句与对句要平仄相对、词性相对，上半句与下半句必须各自独立，然后形成一对平仄律，让读者读起来十分悦耳。按类型分，对偶可分为正对、反对和串对。从结构上看,它又可分为严对与宽对。英语的对偶与汉语的对偶在组词时很相似,即上下对应、字数相同、意义相对,表示一种对比或对照的关系。

例 1　You are going; I am staying.

译文:你离去,我留下。

[分析]英语 you 与 1 对应,going 与 staying 对应。字数相同,意义相反,排列对称,译成汉语时也译成对偶句。

例 2　Man proposes, God disposes.

译文:谋事在人,成事在天。

[分析]Man 与 God 对应, propose 与 dispose 对应,字数相等。有英语的对偶句尾音节押韵或尾音相同。例如,going 与 staying, propose 与 dispose。

十一、排比（**Parallelism**）

排比是指将两个或两个以上的结构相同、字数大体相等、意义相近的语句用于表达相似或相关内容。排比由小到大可分为词的排比、短语的排比、句子的排比。英语的排比与汉语的排比修辞相同,其目的是给人以整齐划一的美感。

例　Thus we hate what threatens our person, our liberty, our privacy, our income, our popularity, our vanity and our dreams, and plans for ourselves.

[分析]在这个英语句子里,作者共用了八个排比词语,由此使这段内容更为明晰、强烈,语言更为气势。翻译应体现出排比句。

译文:我们的身体,我们的自由,我们的隐私,我们的收入,我们的声望,我们的虚荣,我们的梦想以及为自身所做的各种安排,凡此种种受到威胁,我们就会产生仇恨。

十二、层递（**Climax**）

层递是指结构相似的短语、句子、段落依轻重或大小递增或递降展现事物的过程。它是由表及里、层层深入的过程,具有紧密的逻辑关系。

例　这是家庭的毁灭,道德的沦丧,国家的崩溃。

[分析]这句的递进关系是由小到大的进程关系,先小家后大家,层次分明,论述明确,印象效果深刻。

译文:It was the ruin of the family, the uprooting of moral, the destruction of the nation.

十三、反复（**Repetition**）

反复是指词语或句子的重复,其功能在于加强语气,突出内容,引起人们的关注,在诗、小说、散文等体裁中广泛使用反复。英语的 repetition 与汉语的反复相同。

例 1　But what if she should die? She won't. She's all right. But What if she should die? She can't die. But what if she should die? Hey, what about that? What if she should die?（海明威《永别了,武器》）

[分析]作者在这一小段里多次重复一句话,通过这数次重复,一方面表现了主人公在其妻子分娩时痛苦的情景下焦虑的心情,另一方面通过反复地展现内心独白给读者,以唤起读者的同情,增强感人的效果。

译文:可是她如果死了怎么办? 她不会的,她没问题。可是她如果死了怎么办? 她不能死。可是她如果死了怎么办? 嘿,你想怎么样? 她要是死了怎么办?

中文中的重复部分在译成英文时也不都是重复翻译,而是根据具体情况做适当的调整。

例 2 欲说还休,欲说还休。你可能就是要制造这种藕断丝连的效果。

译文:You wanted to say it, but you did not. You wanted to say it, but you never did! It seems you just wanted to create a broken relationship that is not totally broken.

十四、移就(Transferred epithet or hypallage)

移就是将应该修饰一事物的词移到修饰本不该修饰的另一事物上。其特点是移来修饰事物的形容词通常是修饰人的,从而增强语言的艺术效果。

例 1 I threw a nervous glance at my son.

[分析]这里的移就体现在形容词 nervous,它本来是修饰人的,现在用来修饰 glance。它们之间的组合搭配不是常规的,因而这种词语的搭配是一种暂时的语言迁就,是为了达到某种效果而使用的。

译文:我紧张地看了一眼儿子。

例 2 He passed many anxious hours in the train.

[分析]anxious 通常修饰人,表示人的焦虑心情,现在用来修饰 hour,显然这是作者独特的写法。

译文:他在火车上度过了许多令其焦虑不安的小时。

参考文献

［1］安晓宇.跨文化视野下的英汉翻译教学研究［M］.北京:中国水利水电出版社,2015.

［2］陈建平.翻译与跨文化交际［M］.北京:外语教学与研究出版社,2012.

［3］冯艳昌.语言·跨文化交际·翻译［M］.北京:中央编译出版社,2012.

［4］顾宝珠,黄子辉,廉勇.跨文化交际翻译［J］.承德石油高等专科学校学报,2015,17(3):72-74.

［5］贾玉新.跨文化交际理论探讨与实践［M］.上海:上海外语教育出版社,2012.

［6］迈克尔·H.普罗瑟.文化对话:跨文化传播导论［M］.何道宽,译.北京:北京大学出版社,2013.

［7］谭载喜,胡庚申.翻译与跨文化交流:积淀与视角［M］.上海:上海外语教育出版社,2012.

［8］王芳.跨文化交际翻译中的文化负迁移［J］.辽宁医学院学报(社会科学版),2015,13(1):125-127.

［9］王鹏.探究跨文化交际翻译中的差异与融合［J］.校园英语,2017(11):238.

［10］王英鹏.跨文化传播视阈下的翻译功能研究［M］.上海:上海交通大学出版社,2016.

［11］夏康明,代礼胜.汉译英理论与实践:跨文化视角下的汉英翻译研究［M］.成都:四川大学出版社,2014.

［12］张慧宇.翻译对比及跨文化启示［M］.北京:中译出版社,2016.

［13］张力群.翻译与跨文化交际［M］.北京:对外经济贸易大学出版社,2013.

［14］吴为善,严慧仙.跨文化交际概论［M］.北京:商务印书馆,2009.

［15］高桂莲.以跨文化交际为目的的英汉比较与翻译［M］.北京:外语教学与研究出版社,2009.

［16］刘小刚.翻译中的创造性叛逆与跨文化交际［M］.天津:南开大学出版社,2014.

［17］熊潇,祝东江.跨文化交际视阈下的汉英翻译研究与实践［J］.汉江师范学院学报,2017,37(3):77-83.

［18］杨艳蓉.文化差异对跨文化交际翻译的影响［J］.中国报业,2017(10):74-75.

［19］许振辉.基于跨文化交际的翻译差异与融合途径［J］.湖北函授大学学报,2017,30(21):166-167,170.

［20］王晋抚,钱婧.文化中心主义——跨文化交际与跨文化交际翻译的障碍［J］.湖北函授

大学学报,2010.23(05):148-149.

[21] 王磊.跨文化交际翻译的归化与异化[J].现代交际,2017(19):74.

[22] 王丽娜.翻译与跨文化交际策略探究[J].延安职业技术学院学报,2013,27(5):67-68,71.

[23] 邓炎昌,刘润清.语言与文化:英汉语言文化对比[M].北京:外语教学与研究出版社,1989.

[24] 卢红梅.华夏文化与汉英翻译[M].武汉:武汉大学出版社,2006.

[25] 罗常培.语言与文化[M].北京:北京出版社,2004.

[26] 张镇华.英语习语的文化内涵及其语用研究[M].北京:外语教学与研究出版社,2007.

[27] 王恩科,李昕,奉霞.文化视角与翻译实践[M].北京:国防工业出版社,2007.

[28] 李成洪.英语教学与跨文化传播[M].沈阳:东北大学出版社,2013.

[39] 尹明,林黉,周昆华,等.英语口语习语的文化内涵及其语用[M].北京:高等教育出版社,2012.

[30] 金惠康.跨文化交际翻译续编[M].北京:中国对外翻译出版公司,2004.

[31] 徐子健.国际商务文化差异管理[M].北京:对外经济贸易大学出版社,2009.

[32] 王菊泉,郑立信.英汉语言文化对比研究[M].上海:上海外语教育出版社,2004.

[33] 黄勇.英汉语言文化比较[M].西安:西北工业大学出版社,2007.

[34] 杨丰宁.英汉语言比较与翻译[M].天津:天津大学出版社,2006.

[35] 王武兴.英汉语言对比与翻译[M].北京:北京大学出版社,2003.

[36] 郭富强.汉英翻译理论与实践[M].北京:机械工业出版社,2009.

[37] 张全.全球化语境下的跨文化翻译研究[M].昆明:云南大学出版社,2010.

[38] 张春柏.英汉汉英翻译教程[M].北京:高等教育出版社,2003.

[39] 包惠南,包昂.中国文化与汉英翻译[M].北京:外文出版社,2004.

[40] 吕煦.实用英语修辞[M].北京:清华大学出版社,2005.

[41] 闫传海,张梅娟.英汉词汇文化对比研究[M].西安:西安交通大学出版社,2008.

[42] 白靖宇.文化与翻译(修订版)[M].北京:中国社会科学出版社,2010.

[43] 李建军.新编英汉翻译[M].上海:东华大学出版社,2004.

[44] 李建军.文化翻译论[M].上海:复旦大学出版社,2010.

[45] 宿荣江.文化与翻译[M].北京:中国社会出版社,2009.

[46] 张维友.英汉语词汇对比研究[M].上海:上海外语教育出版社,2010.

[47] 闫文培.全球化语境下的中西文化及语言对比[M].北京:科学出版社,2007.

[48] 平洪,张国扬.英语习语与英美文化[M].北京:外语教学与研究出版社,2000.

[49] 汪德华.中国与英美国家习俗文化比较[M].杭州:浙江大学出版社,2011.

[50] 沈银珍.多元文化与当代英语教学[M].杭州:浙江大学出版社,2006.

[51] 陈俊森,樊葳葳,钟华.跨文化交际与外语教育[M].武汉:华中科技大学出版社,2006.

[52] 萨姆瓦,等.跨文化传通[M].陈南,龚光明,译.北京:生活·读书·新知三联书店,1988.

[53] 连淑能,英汉对比研究[M].北京:高等教育出版社,2010.

［54］费尔南德·莫塞.英语简史［M］.水天同,等,译.北京:外语教学与研究出版社,1990.

［55］戴维·克里斯特尔.现代语言学词典［M］.沈家煊,译.北京:商务印书馆,2000.

［56］王德春.普通语言学［M］.上海:上海外语教育出版社,2011.

［57］殷莉,韩晓玲,等.英汉习语与民俗文化［M］.北京:北京大学出版社,2007.

［58］毕继万.跨文化交际与第二语言教学［M］.北京:北京语言大学出版社,2009.

［59］严明.跨文化交际理论研究［M］.哈尔滨:黑龙江大学出版社,2009.

［60］戴炜栋,束定芳,周雪林,等.现代英语语言学概论［M］.上海:上海外语教育出版社,1998.

［61］戴湘涛,张勤.实用文体汉英翻译教程［M］.北京:世界图书出版公司,2012.

［62］丁大刚.旅游英语的语言特点与翻译［M］.上海:上海交通大学出版社,2008.

［63］丁小丽,程华.商务英语翻译［M］.北京:清华大学出版社,北京交通大学出版社,2007.

［64］董晓波.商务英语翻译［M］.北京:对外经济贸易大学出版社,2011.

［65］段云礼.实用商务英语翻译［M］.北京:对外经济贸易大学出版社,2009.

［66］方梦之,毛忠明.英汉-汉英应用翻译教程［M］.上海:上海外语教育出版社,2005.

［67］冯莉.商务英语翻译［M］.长春:吉林出版集团有限责任公司,2010.

［68］傅敬民.实用商务英语翻译教程［M］.上海:华东理工大学出版社,2011.

［69］傅铿.文化:人类的镜子——西方文化理论导引［M］.上海:上海人民出版社,1990.

［70］郭贵龙,张宏博.广告英语文体与翻译［M］.上海:华东师范大学出版社,2008.

［71］胡壮麟.语言学教程［M］.3 版.北京:北京大学出版社,2007.

［72］姜增红.新编商务英汉翻译实务［M］.苏州:苏州大学出版社,2010.

［73］兰萍.英汉文化互译教程［M］.北京:中国人民大学出版社,2010.

［74］兰天.国际商务合同翻译教程［M］.大连:东北财经大学出版社,2007.

［75］李克兴.广告翻译理论与实践［M］.北京:北京大学出版社,2010.

［76］李太志,王学文.商务英语写作修辞的对比研究［M］.上海:上海外语教育出版社,2009.

［77］李太志.商务英语:言语修辞艺术［M］.北京:国防工业出版社,2007.

［78］白雅,岳夕茜.语言与语言学研究［M］.昆明:云南大学出版社,2010.

［79］鲍文.国际商务英语学科论［M］.北京:国防工业出版社,2009.

［80］鲁思·本尼迪克.文化模式［M］.何锡章,黄欢,译.北京:华夏出版社,1987.

［81］曹合建.基于语料库的商务英语研究［M］.北京:对外经济贸易大学出版社,2008.

［82］车丽娟,贾秀海.商务英语翻译教程［M］.北京:对外经济贸易大学出版社,2015.

［83］陈可培,边立红.应用文体翻译教程［M］.北京:对外经济贸易大学出版社,2012.

［84］廖美珍.语言学教程精读精解(修订版)［M］.成都:西南交通大学出版社,2009.

［85］廖瑛,莫再树.国际商务英语语言与翻译研究［M］.北京:机械工业出版社,2005.

［86］卢红梅.汉语语言文化及其汉英翻译［M］.武汉:武汉大学出版社,2011.

［87］卢敏.英语法律文本的语言特点与翻译［M］.上海:上海交通大学出版社,2008.

［88］马会娟.商务经贸翻译［M］.北京:对外经济贸易大学出版社,2011.

［89］潘红.商务英语英汉翻译教程［M］.北京：中国商务出版社，2004.

［90］彭萍.实用旅游英语翻译（英汉双向）［M］.北京：对外经济贸易大学出版社，2010.

［91］彭萍.实用商务文体翻译（英汉双向）［M］.北京：中央编译出版社，2008.

［92］戚云方.广告与广告英语［M］.杭州：浙江大学出版社，2003.

［93］马会娟.汉泽英翻译能力研究［M］.北京：北京师范大学出版社，2013.